投資歴
わずか2年で
セミリタイア
を実現

挑戦したいけど、失敗したくない
不動産投資1年生に教える

# “圧勝”大家の事業戦略

川添敏己／著
（オーナーズスタイル福岡株式会社　代表取締役）



現代書林

# はじめに

現在、私は福岡県内に8棟２００室の物件を所有し、賃貸オーナーとして毎月約２００万円の利益を上げています。不動産投資を始めて約2年でこの数字を達成することができました。当初は3年で月１００万円の利益が目標でしたから、予想外に早く目標をクリアできたことになります。

その経験を多くの人に伝え、役立ててほしいと考えコンサルティング業務も始めました。こちらもおかげさまで約1年半でクライアントの購入実績は15棟３００室、総額15億円となりました。

不動産投資のスタイルは人によって違います。どれが正解でどれが不正解だという明確な線引きは難しい。ただし私の場合、不動産投資を始めたとき元手はほぼゼロ。そこから必然的に不動産投資のスタイルが決まりました。

そして、実際に自分が経験して分かったことですが、賃貸経営において、利回りで表される物件の力は当然大事なのですが、他にもそれと同等、いやそれ以上に大事な要素があることが分かりました。私が考えるに、それは物件の力（25%）、資金調達力（25%）、賃

## 図01

# 4つのタイヤ

## 不動産投資と賃貸経営の4つのポイント

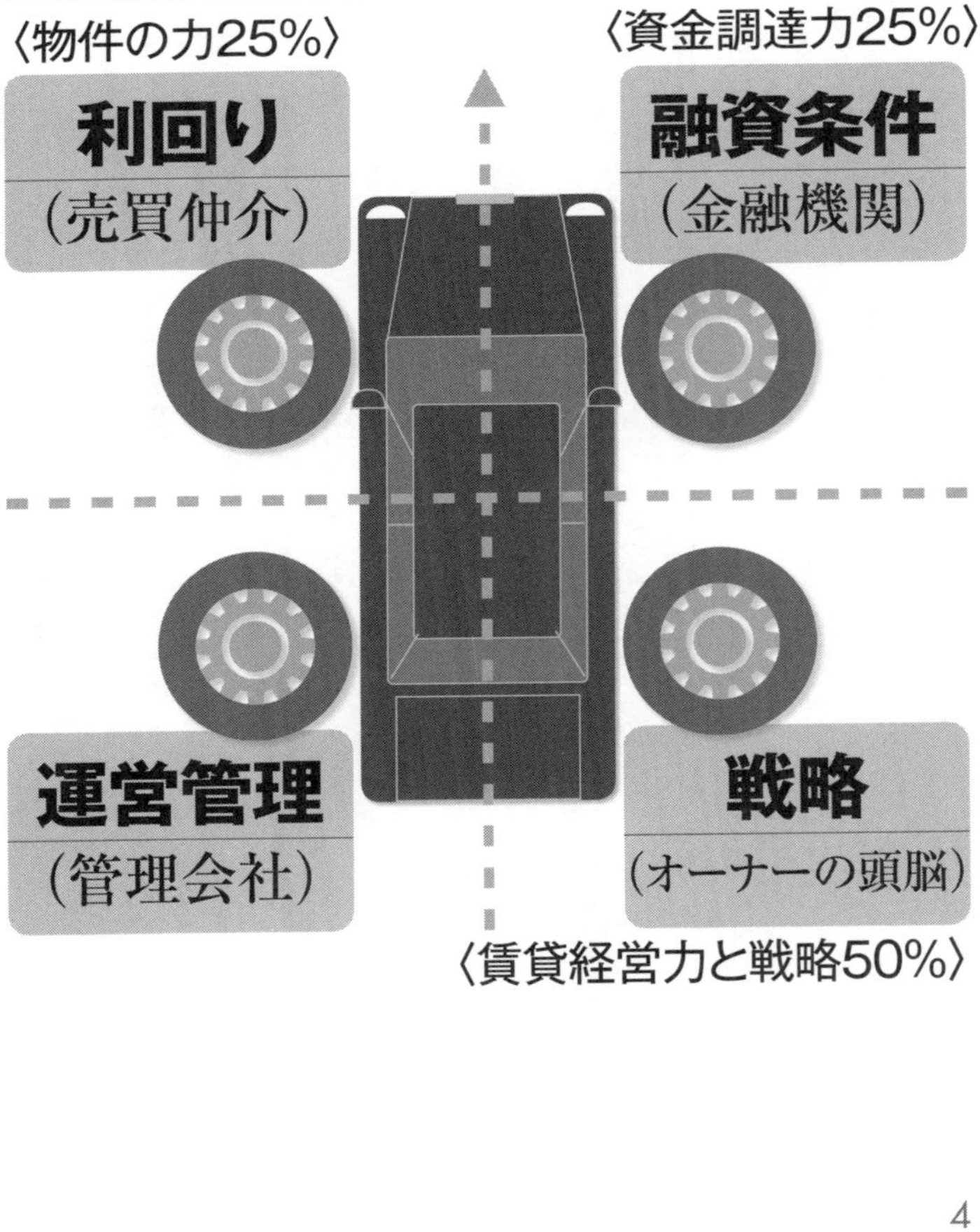

貸経営力と戦略（50％）です。25％などの数字はあくまで表現上のものであって、根拠がある数字ではありません（図01）。

要約すると、物件購入時には物件の力も当然大事ですが、同等に資金調達力、そして購入後の運営に対しての賃貸経営力と戦略が必須ということです。その総合力が成果となって数字で出てきます。

本書はそのような私なりの不動産投資の考え方と具体的な方法をまとめました。ぜひ、多くの人に不動産投資の可能性を知ってもらえればと思います。

ただし、1点、強調させてもらいたいことがあります。不動産投資で成功することが私の究極目標ではありません。利益を上げ、収益を増やすことが究極の目標ではないのです。それらはあくまでも手段でしかない。

私の究極の目標は自分の人生を自分らしく生きること。自由で幸せな人生を実現することです。そのためには生活に不自由しない最低限のお金はもちろんですが、家族との絆や楽しい時間を持つこと、健康であること、趣味を楽しむこと、心許し助け合う仲間を持つことが私にとって必要だと考えています。

それらを可能にするために必要なのがほかでもない「経済的自由」です。かつて会社に勤めていた時、私なりに一生懸命仕事をしたつもりではありましたが、どこか虚しさや釈然としないものが残り続けました。

毎月のサラリーが保障されているとはいえ、その決まった額を得るために、時間を拘束され、時には自分の考えを曲げても組織や上司に従わなければなりません。決して多くはない収入を確保するために、自分を殺し、多くを犠牲にしていたのです。

会社のため？　家族のため？　ふと気が付くと自分の人生ではなく、他の思惑や他人の人生のために生きている自分がいる。その根源にあるのが自分の収入が会社によって定められたサラリーだけに絞られているという状況、すなわち経済的な自由が確保できていないということなのです。

自分の人生を生きたい――。そう強く思いました。そのための経済的自由をどう確保するか？　おそらく人によっては事業を立ち上げたり、株式やＦＸなどの金融投資をしたり、さまざまな方法があるでしょう。

私にとっての経済的自由の確保の方法が不動産投資であり、私なりのキャッシュフローを最大化させるスタイルでした。

ですから不動産投資は私にとって自分の人生を自由に幸福に生きるための手段であり、目標ではありません。ましてお金を稼ぐこと自体が目標でもないのです。

ただし、目標を達成するために、最適な手段を選ぶことが大切です。本書は私の実体験とそこから導き出された私なりの不動産投資スタイルと理論をまとめました。読者の皆さんの幸せな人生のための手段を探す一助となれば、大変うれしいことです。

2019年4月　川添敏己

# "圧勝"大家の事業戦略　目次

はじめに――3

第1章

家賃収入は不労所得？
イエイエ、そんなに甘くありません

●不動産投資で成功する人は目的と目標が明確にある

不動産投資で成功するためのマインドセットとは？　16
マインドセットが不十分な人の失敗パターンとは？　19
マインドセットには数学的な基準と裏付けが必要不可欠だ　21
私が出会った人生の4つのターニングポイント　22
外資系の生命保険会社に飛び込むが……　24
ランチェスターの法則と出会う　27
区分マンション購入で不動産投資の第一歩を　28
中古物件を融資で借りるのが基本スタイル　30
5棟目で有力地銀とコネクションができる　31
スケールメリットを追求した賃貸経営スタイル　34

●お金が動くカラクリを知らない人は幸せを手にすることができない
お金は手段に。究極の目的は「経済的自由」と「人生の幸福の追求」 36
ピケティのg＜rの理論で考え方が変わった！ 39
預金しているだけでは絶対に豊かになれない銀行のカラクリ 41
資金調達して長期返済が有利な理由とは？ 42
川添流不動産投資の5つのポイント 45
金融機関との付き合いで大事なのは「相手の論理を知る」こと 47
多くの人を幸せにできる不動産投資と私の使命 49

# 2 第2章 物件より先に金融機関を探す

●自分の属性に合った金融機関を探すことが投資の第一歩
物件探しから始めると本質を見誤る 54
あなたの属性に合った金融機関を選ぶ 56
諦めずに何度も足を運ぶことが大切 58

複数の金融機関を味方に付ける 59
読んでもらえる事業計画書の書き方 60
●融資を引き出すために事前にやっておきたいこと
相手が欲しい情報を提供する姿勢が大事 68
わずか3日で融資が決定した裏事情とは？ 69
交渉を有利に進める裏技とは？ 71
自己資金がない場合、フルローンとオーバーローンのどちらが良いのか？ 72
資産を増やしたければ法人名義で購入しなさい 75
法人名義にするメリットは？ 77
団体信用生命保険を効果的に使う 78
【コラム】『倍返しだ！』……読書から銀行の作法・考え・言葉を理解する 81

第3章

# 物件には4つの視点でアプローチする


●はじめて物件を買うときにダメ物件をつかまないためのルールを知ろう
物件価格にばかり目が行っていませんか？ 84
物件購入に必要な４つの視点 88
良い物件は早い者勝ち 92
不動産会社はこんな顧客に優良物件を紹介する 93
●数値を打ち込むだけで買いたい物件が分かる試算表
試算表はここをチェックしろ！ 96
不動産相場はこうして身に付ける 104
土地勘のない場所の物件購入は絶対にＮＧ 108
●空室になってもあわてない！　川添流・物件の見極め方とは
空室になったときの対策がイメージできるか？ 111
大規模修繕履歴をチェックする 113
長期的に入居づけできる物件か？ 115


3

第4章

# 経費削減より売上向上に力を入れる


**●不動産投資で勝ち続ける大家が実践する〝攻めと守り〟のテクニック**

賃貸経営は事業経営そのもの 120

あなたの物件に「汚い」「暗い」「遅い」はありませんか 124

自主管理か？　管理会社か？ 126

大家が見て感じる一次情報が重要 128

コスト削減の効果は意外と低い 131

**●購入した後にやるべきこと　やってはいけないこと**

購入後は家賃を上げることを考える 133

持ち出しせずに内装をヴァージョンアップする方法 134

エントランスのリニューアルは費用対効果が大きい 140

社会人向け物件には「宅配ボックス」が効果大！ 142

ドライボックスの導入で全体の利回りアップ 145


4

「誰でもいいから入居者を付けて!」は失敗のもとに 148
**●建物にトラブルが発生しても「この手」があるから大丈夫**
その火災保険は回収できていますか? 151
プロパンガス会社を活用するという賢い方法 153
良好な運営管理を維持することが売却益を生み出す 155
【コラム】士業の先生方との賢い付き合い方 157

第5章

# 良い環境が良いマインドセットを作る

**川添流はじつは仲間たちとの共作でもあった!?**
(事例1)区分所有からスタートし、キャッシュフロー50万円を稼ぐ 160
(事例2)最初に新築アパートからスタート。 162
約2年で6棟70室のオーナーに! 166

5
(事例3)不動産投資を始めて仕事を辞め独立。 将来運用額10億円を目指す 170
(事例4)2011年の底値のときに初物件を購入。 7物件で毎月約150万円の利益に! 176
(事例5)現在区分を2部屋所有。 今年ついに1棟ものの大家さんの仲間入り! 183

おわりに 190

chapter

1

第1章

【〝圧勝〞大家になるためのマインドセット】

# 家賃収入は不労取得？<br>イエイエ、<br>そんなに甘くありません

# 不動産投資で成功する人は目的と目標が明確にある

## 不動産投資で成功するために必要なマインドセットとは？

不動産投資で成功するために一番大事なポイントは何でしょうか？　勉強会やセミナーなどで、不動産投資に興味を持っている人によく聞かれる質問です。

おそらく利回りの高い物件や、立地が良く空き室リスクが少ない物件をどう探すか。あるいは有利な条件で融資してくれる金融機関とどう付き合うかなど、具体的なアドバイスを求めているのでしょう。

もちろんそれらも重要ですが、私の考えるポイントは、①買い方を間違えないこと、②購入後の賃貸経営は事業経営そのものであるという意識を持つことです。この2つのポイントについては後述するとして、実はもっと大事なことがあります。

それは**不動産投資家、賃貸経営者になるための考え方＝マインドセットができているか**

**どうか。もう少し分かりやすくいうと、それらを行う「目的」と「目標」がきちんと備わっているかいうこと**です。

セミナーに来ている人を見ると、大きく二つに分かれます。1つは将来、お金を稼ぐため、お金に困らないために勉強しておきたいと、漠然とした気持ちで来ている人。もう1つは「自分は必ずいついつまでに不動産を取得し、不動産投資家になるぞ」という明確な目標やビジョンがある人。

いくら勉強し、情報を集めてもいざとなると体が動かない人がいます。知識や情報がある分、いろんな理屈をつけてなかなか行動に移せない人も少なくありません。

たとえば、いま条件の良い物件があったとしましょう。明確な目的意識がある人は、即座にそれに反応しますが、そうでない人はその情報をスルーしてしまう。あるいは気づいたとしても、いろんな理屈をつけて行動に移そうとしません。

つまり、不動産投資で成功するためには物件や金利など、外側の条件だけではなく、それに**敏感かつ迅速に反応する本人の体制が整っていなくてはいけない**のです。

それが私の言うマインドセットです。ではマインドセットをしっかり持つには何が必要でしょうか？　それは先ほども触れたように**明確な目標や目的意識を持つこと**。できればいつまでにどれくらいの物件を持ち、利益をどれくらいあげているか、自分の中でイメージできているくらいが理想です。そして、それが何のためか、なぜその額なのか、という目的を腹落ちさせることです。

かくいう私も、不動産投資を始める数年前は、自分が現在のような不動産投資家として活動していることなど、ほとんどイメージしていませんでした。しかし、次第にそれは明確なものとなり、不動産投資を始める直前には明確な目的と目標設定がありました。

具体的には1年以内に物件を取得して、その後3年でキャッシュフローとしての利益が毎月100万円残るようにすること。結果的にはそれを1年でクリアすることができたのですが、自分の中で数字的な目標が明確にありました。

自分が不動産のオーナーとして、賃貸経営者としてある程度のビジョンやイメージが描けているということが、まず何よりも大事なのです。将来のために学んでおこうという考えも大事ですが、本当に大家になる人と、たんに知識と情報だけで終わってしまう人は気持ちの設定のしかた、マインドセットが違うのです。

## マインドセットが不十分な人の失敗パターンとは?

何事もゼロからスタートする動き出しが一番エネルギーが必要です。一度動き出し、加速がつけばその後はラクになる。エネルギーを集中するにはそれだけの気持ち、マインドセットが不可欠になるというわけです。

いっぽう、すでに物件を持っている人、オーナーとして活動している人のなかにも、マインドセットができている人とそうでない人がいます。

できていない典型的なパターンは、不動産投資なら不労所得でラクに稼げるのではないかという甘い気持ちで、不動産会社や金融機関の巧みな言葉に乗せられ物件を購入したパターンです。

購入後も自分でビジョンやコンセプトがあるわけではなく、すべて管理会社に任せきりにしてしまう。そういうオーナーの物件に対して管理会社もやはり人の子ですから、どうしても手を抜いてしまいがちです。

結果として客付きも良くなく、空き室が出てしまう。期待していた利回りも確保できないことになります。金融機関に毎月の返済がある場合、収益と返済のバランスをしっかり考えていないと、手残りどころか毎月赤字になってしまうこともあります。

当然のことですが、不動産投資は物件の購入がゴールではありません。本来はそこからがスタートです。残念ながらその意識が低い人がいます。不動産投資はどうやら儲かるらしいとか、大家になれば不労所得でラクに毎月収益をあげることができると甘い考えで始めてしまう。

多くの投資家の方たちが言うように、不動産投資で成功するかどうかは1軒目の成否にかかっています。1軒目で利益を継続的に挙げていれば、金融機関も不動産会社も実績として大きく評価し、次の物件の紹介、融資へと結びついていきます。

不動産投資で利益を上げるには、物件を増やし部屋数を増やしていく必要があります。だから、1棟目で失敗すると取り返すのが難しく、不動産投資家としてその後の可能性が極端にしぼんでしまうのです。

そうならないためにも、先ほどからお話しているマインドセットが大事なのです。購入したらおしまいではなく、目標を達成するためにどんな努力が必要なのか？　どんなことに注意し、気を付けるべきかを明確に意識することが大事です。

## マインドセットには数字的な基準と裏付けが不可欠だ

**マインドセットというと気持ちの問題だと誤解されそうです。じつは強靭なマインドセットを可能にするのは気持ちだけではなく、数字的、論理的な背景が必要不可欠**です。

目標設定にしても、物件購入の際の正しい判断を促すための指標や、賃貸経営後の利益を出すための計算方式にしても、裏付けになる数字や理論が必要なのです。数字的な目標や基準を明確にあるからこそ、不動産投資に対する自分の態度が確定します。それによって迅速な判断や行動が可能になる。

たとえば**私の場合は、物件購入の際の基準として、借入金額と金利と返済期間から毎月の返済額をはじき出し、部屋の賃料と空き室率設定から最低限の毎月の家賃収入を想定**します。

最低限の予想家賃収入から返済額を引いて、手残り=キャッシュフローがどれくらいになるかを明確にした上で物件購入の可否を決定しています。

さらにキャッシュフローを増やすにはどれくらいのペースで物件を取得するか？　目標の設定と同時に不動産会社や金融機関との付き合い方、戦略を決定していきます。

私の言う不動産投資家、賃貸経営者としてのマインドセットはこのように、数字上の客観的な基準や指標が背景にあるのです。

これらの基準や指標は以降の章で詳しく解説しますが、言葉を変えて言うなら、**不動産投資というものを投資として考えるのではなく、賃貸経営、事業経営として考える**ということでもあります。これに関しても追って詳しく説明していくつもりです。

## 私が出会った人生の4つのターニングポイント

ここで私が不動産投資に行きつくまでの経緯を少しお話ししたいと思います。実際20代後半から30代前半にかけていろいろ迷い、試行錯誤してきました。その中で1つの結論として私なりの不動産投資の方法を見出したということです。

振り返ると人生のターニングポイントが4つあったと思っています。その4つはいずれも30歳前後の数年間に起きています。

私は佐賀県の出身です。地元の高校を卒業して関東の国立大学に進学しました。私は長男でもあり、就職後は地元の九州に戻るべく就職活動を行いました。順調に大手旅行代理店に入社が決まり、九州に戻ったわけです。

旅行代理店では営業職として団体旅行営業を担当しました。修学旅行や社員旅行、行政の視察旅行などですが、受注したら引率まで行います。それなりに楽しかったのですが、激務でもありました。

7年半続けたのですが、仕事を続けることに次第に疑問がわいて来ました。私の会社では大体30歳を過ぎたあたりに1つの大きな分岐点が来ます。会社を辞めて独立したり転職する人、会社にそのまま残る人に分かれるのです。

30代を過ぎたら、ほぼ会社に一生残って頑張ることになる。それでいいのかなという思いがありました。会社の大体の仕組みやカラクリが分かってくる。激務をこなしながら一体だれのための働いているのか？　株主のため？　会社のため？　あるいは上司のため？

30歳、40歳と年を重ねるほど、自分を失い会社のために自分をすっかり預けてしまうことになるのではないかという恐れもありました。

28歳のときに結婚し30歳目前、もっと年収を増やしたいという気持ちが強かったことも関係していると思います。

そこにちょうど転職のスカウトを受けたのです。某外資系の生命保険の外交員なのですが、最終的にはフルコミッション１００％歩合制で、成績が良ければ年収は跳ね上がります。

ひととおり仕事を覚え、人脈もでき始めるようになる30代は、得てして自分の力を試してみたくなるものです。私もご多分に漏れずで、自分の力次第で年収が2倍も3倍にもなるという仕事にひかれました。

転職に関しては、最初は妻も親も周囲の知り合いもみな反対でした。私の気持ちも二転三転したのですが、結局30歳の時に転職を決意しました。これが第一のターニングポイントです。

## 外資系の生命保険会社に飛び込むが……

勇躍、飛び込んだ生命保険の営業職ですが、これが自分でも驚くほど稼げなかった。本当に自分ひとりで営業し契約を取っていくことがどれだけ大変かを思い知らされました。

成績は中の下くらい。年収はなんとか前職と同じくらいでしたが、自営業扱いなので確定申告を自分でしなければならない。交通費などの経費は全部自腹でした。

当初2年は基本給的なものが出るのですが、それも成績が芳しくないと途中で切られてしまいます。私は丸1年目前のところで基準を満たさないということで切られてしまい、フルコミッションになってしまいました。

いまから思うと当然なのですが、転職前に見えていたのは氷山の一角、いいところばかりでした。ピン、キリでいえばピンばかり見ていたわけで、その他大勢のキリのほうを見落としていた。

何とかしなければいけないという思いで、投資やマネー関係のセミナーに行き出しました。そこでいろんな人と出会うことで、外に視線が向き始めます。

そんななか、ある保険の代理店の社長と知り合いになりました。保険は会社によって強いところ弱いところ、得手不得手がある。その社長と一緒に、自分の会社の商品だけでなく、セミナーで多くの人を集め、他社の保険も紹介しながらお客さんに選んでもらって営業するスタイルに変えました。

そのセミナーに区分マンションなどを販売する不動産の会社が入り、一緒にやるようになりました。保険と不動産、そのいずれも売り方として共通するのが個人年金作りでした。まず全体の講義をして、個別相談をしながら、その人にとって個人年金保険で作るのがいいのか、区分マンションで老後の家賃収入を確保するのがいいのか、個別相談でコンサルティングをしながらお客さんに選んでもらう。この活動をするにあたって、コミッションが発生することがあったので、そのお金の管理用として一社目の合同会社を設立したのもこの時期でした。

このスタイルが珍しかったのか、予想以上の成果を上げることができました。そのなかで私も区分マンションを紹介する機会が増え、次第に私自身が興味を持つようになっていったのです。31歳のときですが、これが第二のターニングポイントでした。

同じ年、アライアンス先の不動産会社から2015年3月に区分マンションを購入します。これが不動産投資の第一号となりました。中古マンションで2部屋セット、各500万円で計1000万円の投資でした。

場所は福岡の平尾というところで、東京で言うところの世田谷あたりの高級住宅地になるでしょうか。駅から1分の好立地で条件も良かった。運よく買えたのですが、当時セミナーで不動産投資の話もしていたので、やはり紹介するにも説得力が付いたと思います。

家賃の入り方や税金の納め方、管理会社とのやり取りや金融機関との付き合い方など、実際に体験してみるとリアリティが違います。

2部屋を4万3000円と4万4000円で貸して、利回り9%だったので、福岡の当時の相場としたらかなりいいほうで回りました。ただ、やはり区分では絶対的な利益額は大きくなりません。

## ランチェスターの法則と出会う

3つ目のターニングポイントはランチェスターの戦略に出会ったことです。ランチェスターの法則とは、もともとイギリスの航空学研究者F．W．ランチェスターが提唱し、アメリカが第二次世界大戦のときに応用した戦闘の法則です。

簡単に言うと、兵力数と武器の性能が戦闘力と戦闘の結果を決定するというもの。そこから少数弱者がいかに圧倒的多数の強者に立ち向かうかの戦略も導き出されます。

福岡でこのランチェスターの法則を経営に当てはめて、経営者向けに教えているスクールがあり、そこではじめてこの理論に出会ったわけです。

**成熟市場で企業がいかにサバイバルするか、そのランチェスター戦略を賃貸経営に応用できるのではないかと考えました。すなわち初心者である私がいかに金融機関から融資を確保するかなど、弱者の戦略を取らなければいけません。**

差別化を図り、物件を増やすことでキャッシュフローを増やしていく。利益を恒常的に生み出すシステムを作る。**賃貸経営は事業経営そのものであるということ。**利回りや貸出金利など、表面的な数字にこだわる、これまでのやり方とは違った不動産投資があると考えたのです。

詳細は以降の章で触れますが、長丁場になる賃貸経営に対して、そんな論理的な支柱ができたことが、私自身の大きな転換点になりました。この時期の私は区分所有での限界を感じ始め、一棟ものへのシフトチェンジを模索していたので、**このランチェスターの弱者の戦略を賃貸経営に応用する**ことで、きちんと市場で戦える賃貸経営ができるはずだと確信しました。この理論については、現在も勉強を継続中です。

## 区分マンション購入で不動産投資への第一歩を

当時はまだ保険会社で働いていましたが、この区分マンション購入によって自分の目指す方向性がはっきりしました。やはり不安定な保険のセールスではなく、不動産オーナーとして安定した収入を確保したい。そういう気持ちが強くなりました。

完全に賃貸経営に進むとなると、当然毎月の手残り、キャッシュフローを増やしていかなくてはいけません。それにはやはり区分でなく一棟ものだということで、いろいろ動き出したのが2016年の3月くらい。

まず不動産の勉強をしなければいけない。すでにリタイアしている投資家に話を聞きに行ったり、セミナーにも参加しました。東京でやっているものが多かったのですが、できる限り興味のあるものには参加しました。

一番大きかったのが、東京のコンサルティング会社が岡山に出張して面談できる機会がありました。東京までだとさすがに遠いですが、岡山だとその中間地点です。セミナーに行くと自分なりに腹落ちでき、不動産投資を本格的に広げようと考えました。

最初、その会社で物件紹介を受け、融資紹介などもあったのですが、どうも反応が遅いというか、しっくりこなかった。おそらく東京の会社ですからたくさんの顧客の対応をしているなか、福岡で不動産投資を始めるという人間に対して、やはり物理的な距離感があったと思います。

そこで福岡の不動産業者を探そうという発想に変わりました。しらみつぶしにいろんな会社に当たるなかで、自分の考え方を理解してくれる会社に出会いました。小さな地元の業者ですが、担当者がイコール社長で話が早かったことも幸いしました。

当時のやり方としては業者開拓と同時に金融機関の開拓も並行してやるというスタイルでした。融資が取れそうだという金融機関と、ちょうど物件がかみ合う形で、2016年6月、不動産投資で初めての一棟ものを購入することができました。

将来の方向性として不動産投資、賃貸経営を行うことに方向性を定め、区分マンションから一棟ものを購入したこの2015年から2016年のあたりが、私にとって4番目のターニングポイントということになります。

## 中古物件を融資で借りるのが基本スタイル

4つのターニングポイントで私は立ち位置が次第に変わり、現在の賃貸経営に変わってきたということです。会社員からフルコミッションの自営業、そして不動産投資家からビジネスオーナーという流れです。

最初の区分マンションは別にして、1棟目の購入から約2年、現在私は8棟約200室のオーナーとなっています。2棟目までは個人の名義によってローンを組みましたが、3棟目以降は、前述の一社目の法人名義です。

いずれにしても極力資金を借入れし、できる限り毎月の手残り、キャッシュフローを確保するというのが私の不動産投資の1つの形でした。

ちなみに基本的に私が購入するのは中古の一棟マンションです。その理由は購入の際すでに入居者がいるので、即座の収益が見込めること。また入居状態でその物件のポテンシャルをほぼ見極めることができるということです。

3棟目からはその金融機関の担当者や支店長と考え方とか肌が合うというか、向こうもこちらを信用してくれて、どんどん融資を通してくれるようになりました。良い物件さえ出てくれば即融資をしてくれるという体制になっていったのです。

それまで金融機関は地元の信用組合か信用金庫で、地銀や都銀はまったく視野に入れていませんでした。というのも投資実績のない人間に対して、基本的に地銀や都銀は融資をしてくれません。

私のような若造が突然窓口を訪ねても、面倒臭そうに対応され体よく追い返されるのが関の山です。それに比べ、地方の信用組合や信用金庫はディテール案件にも目を向けてくれます。

私もそういうことで信用組合、信用金庫オンリーだったのですが、5棟目の時にはじめて九州で有力な地銀に融資をしてもらうことに成功しました。

## 5棟目で地元の有力地銀とコネクションができる

この5棟目が不動産投資、賃貸経営におけるさらなるターニングポイントとして挙げても良いかもしれません。最初に不動産業者から土地と新築アパートの話をもらいました。新築物件ははじめてでしたが、土地が安く買え、毎月の返済額が抑えられるのであれば、なんとかうまく回るだろうと。

融資は地銀で行けそうだという話でした。じつは地元・福岡の金融機関ではこの地銀は別格です。金利は安い。ただしそれだけ敷居とハードルが高い。4棟目までの実績があったので、ようやく私もそのハードルを越えることができるチャンスが来たのです。

ただし1つ条件があって、物件がたまたま北九州市の支店の管轄範囲で、法人融資の場合、北九州市内の会社でないといけないということでした。ちょうど妻の実家が北九州市にあったものですから、その実家を会社の住所にして1社新たに登記して、融資を受けたのです。

この地銀と関係ができれば、その前の4棟の融資を将来金利の安いこの地銀で借り換えができるかもしれない。もしくは、利回りが高くても融資の年数を伸ばせない物件を金利が安いことで、カバーして購入できるかもしれない。そういう目論見もあって、5棟目をきっかけにチャンスを広げようとしました。

結局2017年3月に融資が決定し土地を購入。そこから建設を始めて2018年3

川添さんが所有するマンションの一部。不動産投資を始めて約２年で、計10棟230室に到達した（2019年４月現在）。しかも、その入居率は96%。どれも川添さんの利用者に満足感を与える戦略が功を奏し、順調な賃貸経営が続く

月に完成しました。その後、6棟目が4月、7棟目が5月、8棟目が10月、9棟目が2018年4月（土地購入）、10棟目が8月と順調に棟数を増やすことに成功しました。

## スケールメリットを追求した賃貸経営スタイル

単純に戸数が増えればそれだけ家賃収入が増えます。毎月の返済を引いても手残りの額は増えていきます。現在、1棟は売却し、もう1棟は建築準備中のため、計8棟約200室を所有しています。

スケールメリットということを十分考慮した賃貸経営を心掛けていますが、それによって現在毎月の手残りは満室時で200万円くらい。当然、数部屋は空室がありますし、修繕費用も発生するので、この額がまるまる手元に残るわけではありません。当初の目標が3年で100万円だったので、その倍の額を達成することができました。

不動産投資は戸数が増えるほど、当然、家賃収入の総額が上がり、利益総額もアップします。その意味では典型的なスケールビジネスだと考えて良いと思います。

これも後述しますが、**経営において利益を増やしていくにはコストを下げるか、売り上げを伸ばすしかありません。賃貸経営においてコストを下げるのは難しく限界があります。**

**利益を大きく増やすには売り上げを伸ばす、すなわち戸数を増やす以外に決定打はない**のです。

物件をたくさん増やすには自己資金だけでは限界があります。私の場合はほとんどが銀行からの融資です。つまり銀行の資金力を最大限活用させてもらうことで、物件を増やすことができたのです。

もちろん、そのためには地元の金融機関をたくさん回りました。前に触れたように事業計画書や返済計画書はもちろんですが、相手が何を求めているかを察知して先回りに対応することで信用を少しでも得るということも大切になってきます。

自分の投資スタイルを理解してくれる金融機関に巡り合うこと、自分の実績が積み上がっていくことで、物件情報もたくさん飛び込んできますし、優先的に融資を決めてもらうこともできる。必然的に棟数が増えることで利益が上がり、賃貸経営はより強固なものになっていく。

自分のまわりの状況や環境をどんどん良くしていく事で、不動産投資、賃貸経営の成功がより近づいてくるのだと思います。

# お金が動くカラクリを知らない人は幸せを手にすることができない

**お金は手段に。究極の目的は「経済的自由」と「人生の幸福の追求」**

2年間で10棟の物件を購入し所有することができ、目標とする金額を上回る成果を達成できたことは我ながら上出来でした。数字的な目標を明確にして、不動産投資を本格的に始めるという気持ちと体制を固めること＝マインドセットが大きかったと思います。

ただし、**私にとっては売り上げ、利益という金銭が最終目的ということではありません。私の最終目的をひと言で言うならば「経済的自由を確保する」ということです。**

会社員として勤めていれば、確かにある程度の安定した収入が確保できたかもしれません。ただし、それによって時間的、肉体的、精神的にさまざまな拘束を受けます。

まして家族ができ、子どもを育て教育してとなると、40代、50代になって、どんなに不条理な環境や条件であっても、なかなかその年で他の選択をすることは厳しくなります。

以前勤めていた旅行代理店でも、そのような40代、50代の方をたくさん見てきました。決められたサラリーを確保するために自分を殺し、我慢を重ねて仕事をする。

仕事は自分が幸せに生きるために必要なお金を稼ぐ手段ですが、いつしかそれが反転し、仕事のために自分や家族、その幸せも犠牲にするという逆転現象が起きてしまう。いったい自分は何のために働いているのか？ 本末転倒になってしまうわけです。

そういう人生ではなく、もっと本来の自分を輝かせる生き方があるはずです。

## 「一度しかない人生を幸せに過ごしたい」

これが私の究極の目的です。仕事だけでなく、家族、趣味、仲間との付き合い、余裕のある時間と健康、こういったものをバランスよく充実させるためには、経済的な自由を確保しなければならないのです（図02）。

そのためには勤めている会社からのサラリーだけではない、他の収入、副収入が必要不可欠になります。収入源が1つだけだと、どうしてもそれに寄りかかり、自分を預けてしまう。

収入の複線化という言葉がありますが、経済的な柱を会社以外に持つことで、人生の選択を会社の理屈に縛られず自分の考えで決めることができるようになります。

**図02**

## 根本的な考え方

「一度しかない人生を
幸せに過ごしたい」

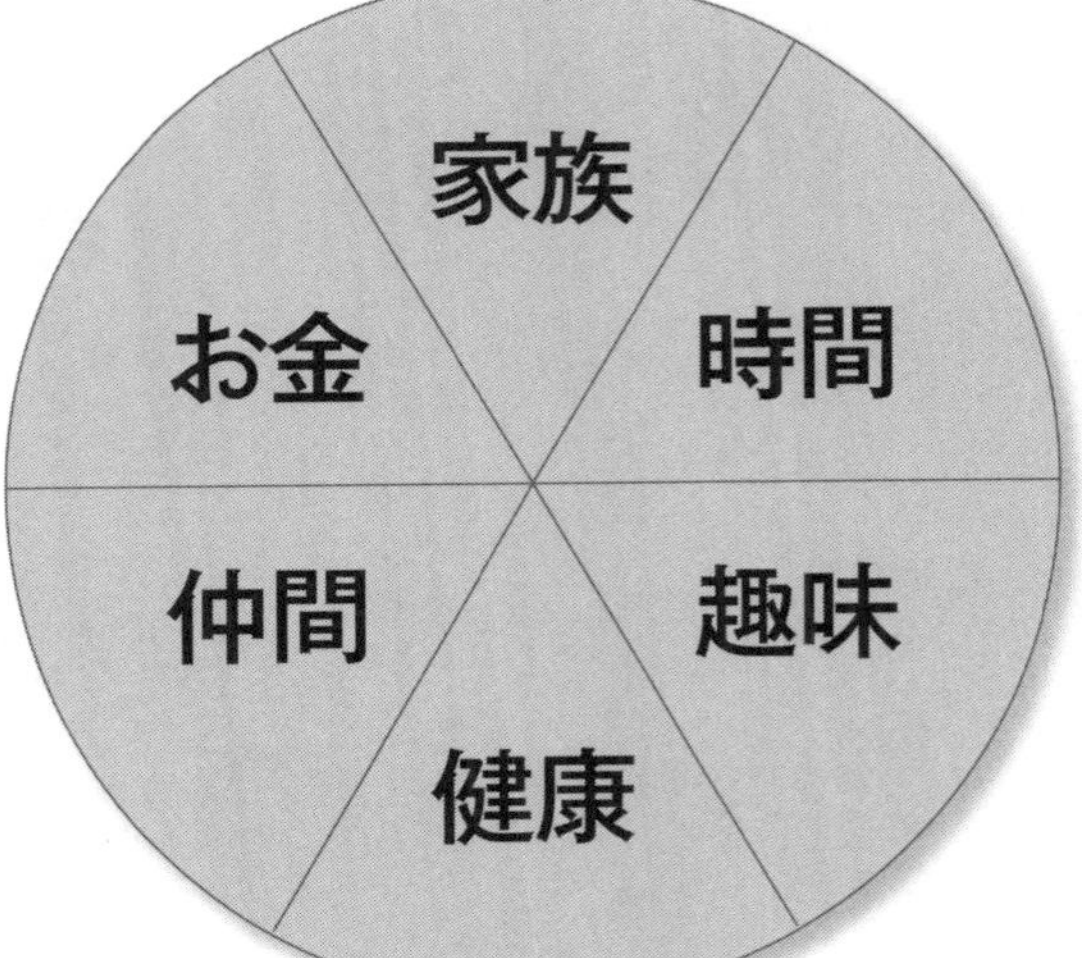


**人生の6大分野それぞれの
自由と充実**

## ピケティのg＜rの理論で考え方が変わった！

収入の複線化を何によって達成するかは人それぞれでしょう。人によってはそれが独立開業であったり、株式やＦＸなどの投資であったり、あるいは私のように不動産投資であるかもしれない。

自分にとってベストな手段と戦略を考え、実行することが大事です。私の場合はそれが不動産投資であり賃貸経営というものでした。

先年、トマ・ピケティの「21世紀の資本」がブームになりました。その理論の真髄がg＜rです。

gとはEconomic Growth（経済成長率）であり、rとはReturn on Capital(資本収益率)です。ピケティが近代以降の世界経済の歴史を調べたところ、rは必ずgよりも大きいという結果が出ました。

簡単に言えば**会社で働いて賃金上昇によって収入が伸びる額より、資産からの収益のほうがつねにたくさん稼げる**ということです。よく貧乏人はどんどん貧乏になり、お金持ちはどんどんお金持ちになっていくということが言われますが、お金持ちはたくさんの余剰資金を投資に回せるので、効率的にお金を増やすことができるということでしょう。

会社に勤めていて収入がサラリーだけであれば、投資家のリターン以上に稼ぐことは難しい。このことから勤め人ではなく、経済的に豊かになるためには投資家を目指すべきであるということがわかります。

ただし、株やＦＸは素人がやるには非常にリスクが大きい。素人と玄人の情報格差が大きく、収入は不安定ですし、株などは企業が倒産すれば紙切れになってしまうし、ＦＸなどはレバレッジによっては元金があっという間に吹き飛んでしまいます。

その点、不動産投資は堅実です。しっかりとした物件であれば、堅実で継続的な収入が確保できます。リスクはゼロではありませんが、株やＦＸなどに比べたらはるかに安定しています。

株やＦＸの相場は激しい動きに比べたら、不動産の価格や家賃相場ははるかに安定した穏やかな動きです。それだけリスクも少ないと言えるでしょう。

## 預金しているだけでは絶対豊かになれない銀行のカラクリ

それからもう1つ、**私が不動産投資を始める際、様々な金融機関を回りながら気が付いたのは、銀行というものの本質と経済のカラクリです。**

銀行の業務を改めて考えてみましょう。銀行にある豊富な資金は、自分たちが何か事業を通して稼いだというお金ではありません。すべては一般の人たちの預金がプールされたものです。

その際の預金金利は現在普通預金で0・01%です。1000万円を預けたとしても1年後に付いてくる利息はたったの1000円でしかありません。銀行はそうやって集めたお金をどうするかというと、大方は企業などの事業者に融資します。その金利は大体1〜3%と言ったところでしょうか。

つまり一般の預金者から安い金利でお金を集め、事業者に100倍以上の金利でお金を融資することで利ザヤを稼ぐわけです。たしかに銀行は損をしない仕組みになっているというわけですが、事業者のほうは借りたお金で事業を拡大し、それこそ利益を数倍にも数十倍にも増やすことも可能です。

結局、どういうことか？　銀行にお金を預金する側＝資金提供側は、事業者＝資金調達側に比べて、はるかにお金の恩恵に恵まれないということです。**経済のこのカラクリを知ったとき、豊かな生活を送るには資金提供側ではなく、事業者すなわち資金調達する側に回るべき**だと思いました（図03）。

元手もなかった私の不動産投資の方法は、極力融資を活用する方法です。それによって物件を購入し家賃収入でキャッシュフローを確保する。その意味では最大限、銀行から資金調達をして、そこからお金を生み出すやり方です。

まさにこの資金調達側に回るというのが究極の不動産投資のスタイルであり、その点で最も効率的に利益を上げる方法だと考えています。

## 資金調達して長期返済が有利な理由とは？

私の不動産投資のスタイルは基本的に物件を増やすことでインカムゲインを増やしていくことです。短期的に不動産を転売し、そのキャピタルゲインで稼ぐスタイルではありません。

長期で家賃収入を継続的に得ることで、キャッシュフローを積み上げていく。堅実で息

## 図03

# 資本の象徴（銀行の実態 表と裏）

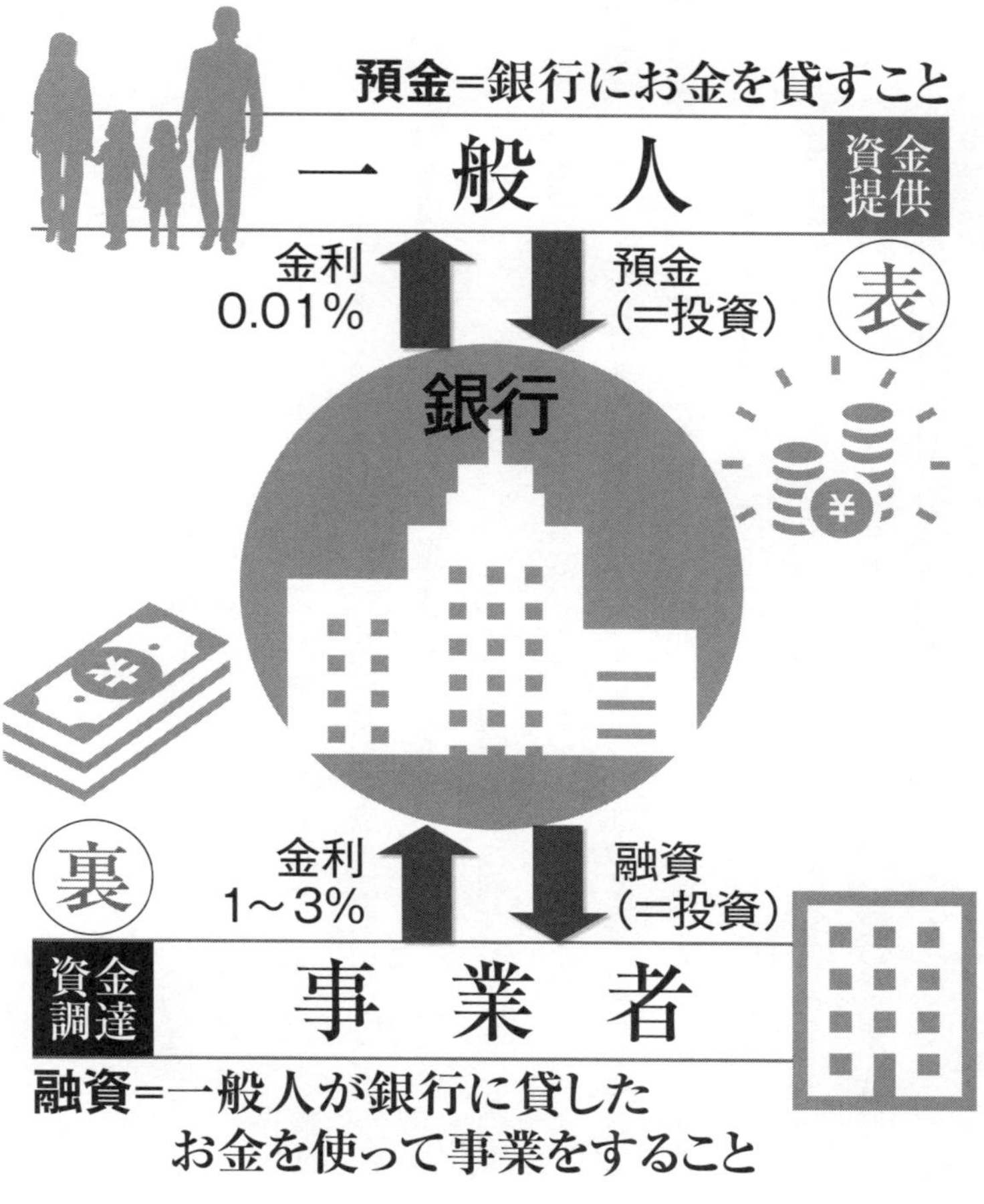

の長い賃貸経営スタイルです。

しかも、物件購入に関してはフルローン、またはオーバーローンが基本です。おそらく読者のなかには、借金をたくさんすることに抵抗を感じるという人も多いのではないでしょうか？

投資家によってはすべて自己資金で賄うというスタイルの人もいます。もちろん、最初から資金が潤沢にあるならば、そのような投資方法もありでしょう。ただし、私のように最初から資金がない場合は、中途半端に自己資金をつぎ込むより、借りるときにはフル、またはオーバーローンで借りてしまったほうが、その後の運転資金や何かあったときの緊急の支出に対応する場合でも、余裕ができるので良いという考え方です。

**ポイントは長期返済です。仮にフル、またはオーバーローンであっても、長期で組むことで毎月の返済額を大きく減らすことができる。金額的にはたくさん借りていても、家賃収入によって毎月手残りが生まれます。**

たとえば借入金額5000万円で金利2％、返済期間が30年だと毎月の返済額は18万4809円です。これが仮に自己資金を1000万円つぎ込み、銀行からの融資を4000万円に抑えたところで、返済期間が同様に30年だと14万7847円です。

家賃収入が毎月35万円とすると、前者は差し引き約17万円であり、後者は差し引き約20万円となります。この差は約4万円。1000万円をつぎ込んだ場合、20年分になります。1000万円多く借りることは、逆にいうと20年分時間を買うことができるのです。

返済期間は長くなって返済総額は増えたとしても、毎月のキャッシュフローがその分増えれば、決して怖いものではありません。むしろ資金繰りにも余裕が生まれ、幅のある賃貸経営ができるのです。

一種の逆転の発想ですが、私のこの考え方に理解を示してくれる金融機関とそうでないところとあります。理解してくれるところと付き合い、融資を引き出すことに専念した結果、予想外のスピードで物件を取得し、成果をあげることができたと思っています。

## 川添流不動産投資の5つのポイント

ここで私の投資スタイルを改めてまとめてみましょう。

**1. 最初は中古物件を中心に狙うことで空き室リスクをできるだけ避けるようにする**

**2. 極力多くの融資を組み、その後の賃貸経営に余裕のある形にする**

**3. 長期返済にすることで毎月の手残り＝キャッシュフローを残す**

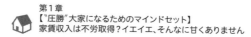

**4. 物件を増やし戸数を増やすことで毎月の売り上げを伸ばし、それによってキャッシュフローの絶対額を増やしていく**

**5. 毎月の収支バランスを良くしていくことで経営体質を強くし、次の投資へのポテンシャルを高める**

私の不動産投資、賃貸経営のスタイルは簡単にまとめると以上のようになります。つまり最大のポイントは毎月の手残り金額をいかに増やすかということ。その点で、「新築物件がいいか、中古がいいか?」「区分がいいか一棟ものがいいか?」といったことは枝葉の問題であり、本質的な問題ではないというのが私の考え方です。

誤解をあえて恐れずに言うならば、私のやり方は不動産投資というよりも賃貸経営に近い、もっと言うならば事業経営の考え方に近いと言えるのかもしれません。

事業経営の一番のポイントはいかに利益を上げるかということです。仮にフルローンやオーバーローンでたくさんお金を借りていたとしても、長期返済によって返済額を減らし、手残りが毎月その分出ているのであれば、その分利益を上げているということになります。

より具体的な方法や計算式などは以降の章で詳述しますが、基本的な考え方をまず読者の皆さんに知っておいてほしいと考えました。

## 金融機関との付き合いで大事なのは「相手の論理を知る」こと

私の不動産投資が短期間で軌道に乗ったのは、多くの業者の方たちや金融機関と良い関係を築くことができたということも、非常に大きかったと思います。地元の不動産業者や金融機関を回りながら、私自身の不動産投資に対する考え方に理解を示してくれる人と出会い、信頼関係を築くことができました。

それによって私自身もまた勉強し、さらに不動産投資に対する考え方を固めていくことができました。そのようなスパイラルのなかで、良い物件に巡り合い、融資を取り付けることができたと思っています。

とくにはじめて不動産投資をする場合、いかに金融機関から融資を引き出すかが最大のポイントになると思います。いくらの物件を取得するのにどれくらいのローンを組むのか？　返済期間はどれくらいで毎月の返済額はどれくらいになるか？　毎月の家賃収入を空き室率なども考慮してどれくらいに設定し、利回りがどれくらいになるか？　賃貸経営を成り立たせるにあたっての、事業計画書、返済計画書をしっかりとまとめる必要があります。

しっかりとした計画を立てるためにいろいろ勉強することは大切です。私自身は保険会社でセールスをしていたこともあり、多少なりとも金融の知識があったことは幸いでした。

ただ、**金融機関の担当者や支店長などとのやり取りのなかで、意外に役に立ったのが小説**なのです。池井戸潤の『半沢直樹』シリーズや江上剛の小説などは銀行の内幕や銀行員の仕事や考えていることがストーリーを通じてリアルに伝わってきます。**金融機関というのがどういう組織で、どういう理屈で動いているのかが分かる。**

勝負の世界では敵を知ることが第一ですが、融資を引き出す相手は敵ではないにしても、相手の論理や常識を知ることで、どう対応するべきかが分かる。そのためには下手な教科書や解説書より、その世界に詳しい作家が描く小説のほうが理解しやすいのです。

それによって、たとえば金融機関で担当者や支店長などと話す際も、物怖じしたり気後れすることなく、話をすることができたと思います。また、金融機関の担当者が稟議を通す際にどんなことがネックになるか？　どういう話を持って行ったら相手が乗ってきてくれるか、見極めることができたのも大きいと思います。

おそらく、その背景には旅行代理店、生命保険の会社で営業職だった経験も大きい。まず相手の話をよく聞き、相手のニーズを察知することが求められます。

金融機関がどんな物件に融資したがっているのか？　決算前で融資を取り付けなければならない時期なのかどうか？　企画書はどんなアピールをしたら一番担当者が会議で通しやすくなるか？　など、相手の望むところをまず察知してそれに合わせることを無意識でもやっていたように思います。

金融機関の選び方、付き合い方はまた後の章で詳しくお話ししますが、まず私の基本的な姿勢と考え方をまずお話ししました。

## 多くの人を幸せにできる不動産投資と私の使命

金融機関もそうですが、不動産会社、管理会社、清掃会社、機器メンテナンス会社、司法書士、税理士、レンタル会社、各種施工会社など、不動産投資を行うにあたっては、多くの業界の人たちと上手に付き合い、良い関係を築いていく事が不可欠になります。

投資とひと言で言っても、株式もあればＦＸもあります。最近で言えば仮想通貨などもその1つでしょう。ただし、いずれの投資も人と付き合うことはそれほど求められません。

部屋にこもってパソコンだけあれば、できるのがこれらの投資です。しかし、不動産投資は違います。多くの人に会い、話をし、自分の意見を伝えることを通じてお互いの信頼関係を作る。それによって、良い物件を良い条件で買うことが可能になります。

コミュニケーションが不可欠であり、ましてや住環境を提供するという点でも、社会性があるのが不動産投資の大きな特徴でもあると思います。

言い換えれば、**不動産投資は自分だけが儲かればいいという独善的な態度では長期的な成功は難しい**ということです。お互いが利益を享受する。それが不動産投資成功の秘訣でもあると同時に、それが可能な投資が不動産投資だと思います。

人によってはコスト削減で管理会社に頼まず自分で管理をする投資家もいますが、私としては不動産会社、管理会社いずれもその道の専門家にしかるべき対価を支払って、しっかりとその部分の仕事をしてもらう。

それによって客付けやメンテナンス、物件の新たな紹介など賃貸経営をより充実させることにつなげていく。それが健全なオーナーの役割であり仕事であると考えています。

良い物件が良い条件で提供できれば、借りて住む人にとっても有益になります。そう考えると不動産投資、賃貸経営というのは、社会的に大きな役割を持っている意義ある仕事だと言うことができるでしょう。

経済的自由の確立という個人的な動機から始めた不動産投資ではありますが、やり方次第では多くの人に役立ち、幸福にすることができる可能性があることに気付きました。
以降の章では、より具体的なノウハウを解説していきたいと思います。

# 【第1章まとめ】

## 不動産投資で成功するための6か条

川添さんが考える〝圧勝〟大家の

# メンタリティ

- ●目的と目標をしっかり持って始める
- ●数字を意識していないと失敗する
- ●一度しかない人生を悔いなく生きる
- ●資金調達する側の人間になる
- ●金融機関の理屈を知って行動する
- ●関わる人と“チーム”で運営する

chapter

# 2

第2章

【〞圧勝〞大家の事業戦略 その1／購入編①】

# 物件より先に金融機関を探す

# 自分の属性に合った金融機関を探すことが投資の第一歩

## 物件探しから始めると本質を見誤る

この章では不動産投資で一番大切な要素だと考える金融機関の選び方と付き合い方について、解説していきたいと思います。

それまでほとんど素人同然だった私が、２０１６年に初めて一棟ものを購入して本格的に不動産投資を始め、約2年で8棟２００室のオーナーになれたのは、何より私の投資スタイルに理解を示し、融資を積極的につけてくれた金融機関の力が大きいと思います。

**不動産投資で多くの人がネックになるのが、融資が付くか付かないかというところ。**とくに初心者に多いのが、いかに優良物件を見つけるかということに気を取られてしまい、肝心の金融機関との付き合いの部分で足を取られてしまうパターンが多いのです。

というのも、とくに不動産投資を始めて間もないころは、業者もとっておきの物件を紹介してはくれません。一番良い物件はそれまで付き合いがあり実績がある顧客から紹介していきます。

初心者が業者から勧められる物件は、業者にとって売れれば都合の良い物件であるにすぎない場合があります。そんな業者の口車に乗って金融機関を回っても、まず融資が下りるのは難しいでしょう。

あるいは、仮に下りたとしても空室率が高かったり、修繕などで臨時の出費がかさんだりなど、思わぬ事態に陥り、結局失敗してしまう可能性が高い。これが1棟目であったら、大きな傷になり、その後2棟目、3棟目と広げることが難しくなってしまいます。

前章でもお話ししましたが、私自身は不動産投資を投資家という目線よりも、賃貸経営、事業経営として捉えています。事業経営者は金融機関との付き合いを非常に重視しますが、全く同じ視点で、私自身も不動産投資を始めるに際して、やはり金融機関との付き合い方のほうに大きな軸足を置いています。

そもそも融資する側はより客観的に物件の条件や、依頼者の属性、能力や資質、意気込みなどを見極めます。まずその眼鏡にかなうことが、不動産投資を始める第一歩だと言っても良いと思います。

## あなたの属性に合った金融機関を選ぶ

一棟ものを手に入れる前、私が初めての物件である区分マンションを手に入れたのは、2015年3月です。この頃は、マイナス金利に突入したばかりで、銀行としては正直なところお金を貸したくてしかたがなかった時期です。

とはいえ、私が保険会社という金融系に勤務していたこと、額面だけ見れば順調に給料が上がっていたことなど、属性という点で有利だったことが大きかったと思います。

**不動産投資での最初の物件取得で重要視されるのが属性です。金融機関としては相手に不動産投資の実績がないのですから当然です。その点、セミナーでも話していますが、毎月決まったサラリーが保証されている会社員の人は有利です。**

「できれば勤めているうちに、不動産投資を始めてください」と私はアドバイスしています。会社を辞めてしまったり、自営業で収入が不安定な人は属性が低くなり、融資は降りにくい。ましてフルローンやオーバーローンを狙うのは難しいでしょう。

次にどんな金融機関に足を運ぶか、その見極めが大事です。改めて説明するまでもないかもしれませんが、各種金融機関の特徴を捉えておきましょう。金融機関の選択は、不動産経営に乗り出すに当たって重要であり、門前払いをくらっては先に進めないのです。

まず「メガバンク」と呼ばれる系列の銀行は、基本的に大企業を取引先としています。とくに実績のない個人に融資をしてくれることはないと考えていいでしょう。

次に地方銀行ですが、これらはおもに都道府県内の中小企業を相手としています。個人を相手にしないということではないにしても、やはりハードルが高いことは都銀と同じです。住宅ローンなどを組むことはできますが、不動産融資を期待することは条件が整わない限り厳しいと考えていいでしょう。

すると**狙い目は地元の信用金庫や信用組合**ということになります。そもそも彼らの役割は、市町村レベルを地盤とし、地元に根付く商店や個人事業主、零細企業などの法人への支援をすることです。

狭い範囲で営業し成果を挙げるため、彼らにとって地元の人々とのコミュニケーションが重要な戦略となります。

実際、信用金庫の営業マンたちは地元の社長らのもとへ頻繁に顔を出し、仲良くなって世間話をしたり、情報交換したりすることがコミュニケーションの大半です。地元での人間関係を築き、紹介したりされたりすることで顧客の維持と開拓を行っています。

**最初から対応する目線が低いので、話を聞いてもらいやすく、親身になって相談に乗ってくれるので融資を受けやすい**という特徴があります。

地域密着型の町の不動産業者は、地場の信用金庫や信用組合などで顔の効く営業マンとつながりを持っている場合が多いのです。そんなときは、不動産業者から金融機関の営業マンに声を掛けてくれることがあります。

## 諦めずに何度も足を運ぶことが大切

私の場合、1棟目は自ら信用金庫や信用組合に直接アポを取って、事業計画書を説明するという方法で、自ら金融機関を開拓していきました。最初から都銀地銀は回っていません。そのような絞り込みも、最初は必要だと思います。

間口は広い信金信組とはいえ、最初から簡単に話が進むことはありません。実際に会って話をしてみると、担当者の態度から私との温度差が見えてきます。計画がきちんとして間違いないものでも、なかなか親身になってくれるところは見つからない。

**ポイントは数か所断られても簡単に諦めないことです。何度か足を運んでいるうちに、次第に相手の態度が変わったり、同じ信用金庫でも、対応する担当者が異なると、また雰**

**囲気が違っていたりします。**この部分は金融機関のスタンスもありますが、担当者の個人的な考え方によって左右されることも多いのです。

また金融機関でも、支店など管轄エリアがあります。これも対応の仕方がまちまちで、購入したい不動産の近くの支店が管轄している場合もあれば、不動産の場所はちょっと遠くても、事業主つまり私の家が管轄エリアでなければならないということもあります。

だから、**初めて行く金融機関の場合、実際に購入したい物件がなくても「購入したい物件がある」という感じでアポを取って出向き、その金融機関の態度や雰囲気を計ると同時に、どこを管轄エリアとしているかの確認**を取りに行った経験もあります。

## 複数の金融機関を味方に付ける

こうして私の場合、1棟目の物件は地元の信用組合から融資を受けました。2棟目は地元の信用金庫で、3棟目は最初とは違う信用組合です。

「1棟目で融資を受けたなら、またそこへ行けばいいのでは」と思われるかもしれませんが、先方にしてもある程度のリスクを負って個人に融資をしているわけですから、安定収入を確保できるかどうか、また返済がうまく回っているかどうかを確認するためには、少々時間がかかります。

いくら親密に接してくれたとしても、そこに新たに同様のローンを認めてくれるようなリスキーなことはしないでしょう。

いろいろと話を聞いてもらうために、不動産業者や地元金融機関を足繁く回っているうちに、同時並行のような形で私のノウハウを理解してくれる信用金庫と信用組合の2件から融資話が持ち上がりました。そこで、1件目と同様の流れで、3カ月後の同年9月に2棟目、さらに翌10月に3棟目を購入しました。つまり、アパート経営に乗り出してからわずか7カ月で3棟のアパートのオーナーになったわけです。

福岡という都会だけに、立地的なメリットは大きかったとは思いますが、こうして地元に根付いた小さめの不動産業者で、私の意図していることをきちんと理解してくれる業者を根気よく探していくと、意外といくつか見つかるものです。

## 読んでもらえる事業計画書の書き方

**金融機関の担当者に会ってもらえるということになったら、説得するための資料が必要です。謄本や物件概要、固定資産税の評価証明書のような決まった書類の他に、オリジナ**

**ルの事業計画書を作ることが必要です。**

事業計画書に定形のルールはありません。ただ、その金融機関ごとにある程度の決まりごとはそれぞれあります。そこを知っておくことが大切です。金融機関によってはフォーマットがあるところもありますから、まずはそれを基本にして、できれば自分なりにアレンジすることで、アピールすることも必要になります。

いずれにしても**一番大切なところは、物件を取得した後の毎月の収支と返済計画**です。これには定番の計算項目があって、私は最初に不動産会社が用意した表を利用し、そこに自分なりのアレンジを加えたものを作りました。

その例がこれから説明するの事業計画表（図04）です。この第2章では、資金計画と収支計画を盛り込んだ事業計画表を、項目ごとに解説していきましょう。

**〈資金計画表〉**

金融機関に対しては、不動産の実質の価格だけでなく諸経費が発生することも理解していることをきちんと説明しなければなりません。

そこで、総事業費として金融機関から借りたい総額と返済の年数や利息などを込みにした計画の一覧を作成し、提示します。

・価格……不動産価格
・諸経費……不動産以外の経費。主に取得税、仲介手数料、登記費用など
※火災保険は月払いに盛り込むため、ここには含めません。
・総事業費……価格と諸経費を合計した金額
・借入額……金融機関から借り入れたい総額
・自己資金……総事業費－借入額
・返済年数……できるだけ長期間借り入れておきたい。ここでは30年で設定。事前のヒアリングで金融機関ごとの計算式を把握
・返済回数……30年×12カ月＝３６０回
・金利……事前のヒアリングでつかんだ数字を入力
・支払利息総額……銀行からすると収益額
・総返済額……元金＋支払利息総額

**図04**

# 資金計画表

| | |
|---|---|
| 価格 | ¥130,000,000 |
| 諸経費 | ¥7,800,000 |
| 総事業費 | ¥137,800,000 |
| 借入額 | ¥134,800,000 |
| 自己資金 | ¥3,000,000 |
| 返済年数 | 30 |
| 返済回数 | 360 |
| 固定･変動･据置 | 変動 |
| 金利 | 2.500% |
| 毎月返済額 | ¥532,628 |
| 支払利息総額 | ¥56,946,080 |
| 総返済額 | ¥191,746,080 |

**価格の6%が目安!**
含まれるものの例
●取得税
●仲介手数料
●登記費用
※火災保険は一括払いではなく、月払いにする

**〈収支計画表〉**

収支計画表のポイントは、その物件の満室時と現状（この場合は空きがある状態）を併記して計画表を作成する点。収支なので、支出と収入を分けて算出します（図05）。

○支出費用

・月融資返済額……毎月の返済額。総返済額を返済回数で割ったもの

・月管理手数料……管理会社への支払額。通常は家賃の5％＋消費税

・共用電灯・電力概算／消防点検／定期清掃……共用部分の必要経費

・生命保険概算／火災保険概算……いざというときのための団信と火災保険の支払額

・固都税合計額月額換算……固定資産税・都市計画税（及び償却資産税）

※毎年1月1日時点の固定資産に対する税金。年4回の支払いを月額換算

○収支

・月間家賃収入……毎月の家賃収入

・月間支払い費用……支出の合計費用

・税引後キャッシュフロー……毎月の収支から算出した毎月の利益

## 図05

# 収支計画表

不明な場合は概算で算出

相場の5%で算出

| | | 満室時 | 現状 |
|---|---|---|---|
| 支出 | 月融資返済額 | ¥532,628 | ¥532,628 |
| | 月管理手数料（家賃の5%＋税） | ¥57,135 | ¥53,568 |
| | 共用電灯・電力概算 | ¥17,000 | ¥17,000 |
| | 消防点検 | ¥1,333 | ¥1,333 |
| | 定期清掃 | ¥10,800 | ¥10,800 |
| | 生命保険概算 | ¥20,000 | ¥20,000 |
| | 火災保険概算 | ¥20,000 | ¥20,000 |
| | 固都税合計額月額換算 | ¥90,115 | ¥90,115 |
| | 合計 | ¥749,011 | ¥745,444 |
| 収支 | | 満室時 | 現状 |
| | 月間家賃収入 | ¥1,058,060 | ¥992,000 |
| | 月間支払い費用 | ¥749,011 | ¥745,444 |
| | 税引後キャッシュフロー | ¥309,049 | ¥246,556 |

年額を月に換算して算出（あくまで月のキャッシュフローを重視する）

税引き後キャッシュフロー×12カ月÷価格（投資効率を表す最も重要な指標）最低2%以上はないと投資効果なし

家賃収入月額÷戸数

家賃年収÷価格

| 35戸 | 返済比率 | 家賃単価 | 空室余裕率 | CF率 | 表面利回り |
|---|---|---|---|---|---|
| | 50.3% | ¥30,230 | 29.2% | 2.85% | 9.76% |

返済月額÷家賃収入月額（粗利。収入に占める仕入れ割合を示す）50%以下が理想。60%を上回ると危険水域

税引き後キャッシュフロー÷家賃単価÷戸数（経営の余裕率。割合が高いほど余裕がある）この例の場合、29%の空室が損益分岐点）

電気代や生命保険、火災保険、固都税など計画段階で金額が未定なものについては概算で算出します。年額算出されるものについても月額に分けています。

**収支については、満室時と現状をともに算出**します。この例の場合、満室時と現状に差があるのは、現状が満室ではないことと、そのために月管理手数料が満室時より少なくなっていることが理由です。

さらにこの計画書で重要なのは、表の下にある各項目です。

- 返済比率……返済月額÷家賃収入月額（粗利）。収入に占める仕入れ（月融資返済額）の割合を示します。経験上、50％以下が理想であり、60％を上回ると返済に関して危険水域に入ったと考えています
- 家賃単価……家賃収入月額÷戸数
- 空室余裕率……税引後キャッシュフロー÷家賃単価÷戸数×100。経営の余裕率を表します。割合が高いほど余裕があるということです。この例の場合には、29％の空室が損益分岐点となります
- CF率……税引後キャッシュフロー×12カ月÷価格×100。CF（キャッシュフ

ロー）率とは、投資効率を表す最も重要な指標です。最低2％以上はないと投資効果はないものとみていいでしょう

・表面利回り……満室時の家賃年収÷価格×100

事業計画書を提出する段階で、不明部分は概算としつつ、全体を見渡せるような計画書を作成します。その際には、収支の各項目だけでなく、返済比率、空室余裕率、CF率などを計算して明示し、計画に具体性を持たせます。これらが明確になっていると、金融機関にとって、計画の綿密さや本気度が伝わり印象の度合いがアップします。

なお**表面利回りで注意したいのは、あくまで「満室想定」である点です。満室なら確保できる利回りですが、空室があった場合はこの利回りの実現は不可能**です。そのマンションが好条件で常に満室に近い状態にあるならいいのですが、立地や環境、事故物件などの条件によっては空室が出やすい物件も多くあります。

さらに管理料や固都税、光熱費、修繕費などの諸経費が実際にはかかります。特にRCマンションの場合には、一般的に木造アパートよりも修繕費用が多くかかります。このような理由から、**諸経費を含めた「実質利回り」が後々重要になってくるのです。**

## 融資を引き出すために事前にやっておきたいこと

### 相手が欲しい情報を提供する姿勢が大事

このような**資料を作る際にも、相手の立場をきちんと把握すること、「敵を知る」ことが重要です。営業マンならば、どういうことが社内評価につながるか、また該当支店の支店長にはどこまでの権限が委ねられているか。**

**相手の欲しい情報を、相手が望む形で提示することが、審査に通るための最初の関門に**なります。

すぐに融資してほしい物件がなくても金融機関に行ってみるということは前述しましたが、たとえば物件について話をするうちに、その銀行はどのように不動産の評価基準を定めているのか、算定方法を聞き出したことがあります。

木造アパートについては融資が難しいけれども鉄筋の物件だったら比較的簡単だという

ことであれば、逆に金融機関から聞き出した情報に合った物件を不動産業者に探してもらうことも可能です。

## わずか3日で融資が決定した裏事情とは?

融資を受けるためには、まずその人物にしっかりとした返済能力があるかどうかが一番です。融資が厳しくなっている昨今、まず不動産投資の入り口に立つならば、会社員という属性があるうちに1つ目の物件購入に臨みましょう。

実際に購入してみて不動産投資のキャッシュフローができたならば、それを実績にして次の融資を引き出すことも可能になります。

ただし、1棟目を購入し成功したからといって、その人に続けて融資を付けるか、その判断は金融機関や担当者によっても大きく異なります。金融機関によっては1棟目が動き出し、その様子を1年以上確認してからでないと次の融資をしないところもあります。逆にその人物を評価し、立て続けに融資を決定してくれる場合もあります。

私がRCマンションを購入する際にある信組が1億2000万円を融資してくれたのですが、これについては融資決定はあっという間でした。物件が良かったので、「それならすぐに融資できます」という形で話がどんどん展開していったのです。

その信組は、支店長が積極的な人物で、月に一度は足を運んで顔をつないでおいたことがプラスになったと思います。

行っては断られを繰り返しているうちに、その信組は物件が基準であり、物が良ければ確実に融資してくれるという体質を知ったのです。すでに顔なじみになり、お互いがある程度信頼関係を築けていたので、話が早かったと思います。

それにしてもこのケースは特別でした。通常、金融機関が融資の承認を下ろすまでには、稟議を上げたあとに審査会が開かれ、そこで融資をするかどうかが判断されます。定期の審査会が行われると、いつまでに申し込んで議題に上げる案件を決め、何曜日に審査会が開かれてから承認が下りるという流れになります。

経験上、早くて2週間ほどかかると見ていました。ところがこのRCマンションの場合は、支店長がとても乗り気になってくれ、物件自体の反響が良く融資が下りる順番で購入できることになったため、それを聞いた支店長が臨時の審査会を開くよう本店に掛け合ってくれたのです。

実際、申し込んでからわずか3日で承認が下りるという異例の展開となりました。不動産の所有者も、一番早く融資が決まったところに売却するという話でしたが、あまりの素早い融資決定に大変驚いていたのが印象的でした。

## 交渉を有利に進める裏技とは？

**交渉ごとが行き詰まるのを避けるための方法の1つとして、「他人を巻き込む」という方法があります。**と、いうと語弊がありますが、自分一人の努力でもアピールが足りないと思ったなら、遠慮せず**自分以外の協力を求めて少しでも有利に物事を進めようということです。**

**私の場合、1棟目を購入する際、決済や契約で金融機関を訪ねる際、夫婦で臨みました。**こういう大きな契約をする場合には、自分だけではなくたとえば妻の了解もきちんと取っているということをアピールするわけです。

家族の反対を押し切って強引に契約に持ち込んでいるかもしれないという、マイナスイメージを少しでも払拭するためです。大事な局面になったら、いつも妻を同伴し、家族でしっかり了承した上で物事を進めているということが、些細なことでも実は大きな応援となっていることを提示すると、先方の信頼度は少なくとも低下することはありません。

**もう1つ、交渉に有利となる手段として「スピード感」があります。**ある物件が目に止まったとき、すかさず反応し、この物件に興味があるとアピールすること。また話を聞いたら翌日にはもう動き出す、というように、どうしてもこの物件が欲しいという意思をアピールすることは、交渉相手にとってこちらの興味の度合いを主張することができます。

物事はズルズルと中途半端なやり取りをし続けるよりも、トントン拍子に進んでいくほうが好印象を抱くことは間違いありません。こうしたやり取りの素早さも、交渉相手に対して有利なポジションに立つことができるテクニックです。

## 自己資金がない場合、フルローンとオーバーローンのどちらが良いのか？

不動産を購入する際、通常は頭金を用意して支払い、残りの70～80％程度でローンを組む方法が一般的です。

しかし、頭金ゼロで金融機関から全額融資を受けるローンがあります。これが「フルローン」です。この場合はその物件の価格がそのままローンの対象となり、利子を込みで30～35年ローンとすることになります。借入金額が多くなるので、利子を合わせると本来の価格以上にかなり多額の返済をすることになります。

一方、「オーバーローン」とは、物件を購入する場合にその購入価格以上の、取得にかかる諸費用などまで含めて金融機関から融資を受けることです。

フルローンであれば物件の費用は融資されますが、その他の経費については自己資金から捻出しなければなりません。つまり、フルローンとは言っても実際には一定額の現金が必要なのです。

一方、オーバーローンでは諸費用も含めて融資を受けるため、手出しの資金を一切使いません。つまり、その分余裕資金を手元に残しておくことができるので、もし万が一何らかの現金が必要になった際に対応できるという強みが生まれます。

私が所有している1棟目のローンは23年、2棟目は30年で、他についても返済期間はとても長く設定しています。**ローンを組む場合、返済する際の金利に目が行きがちですが、むしろ"返済年数"に注目したほうがいいでしょう。**

金利が景気などによって多少上下することで月々の返済額に連動して影響を及ぼすことはありますが、それは目先のことで、トータルで計算すると年数に主眼を置き、長期間で返済するほうが有利になってくるのです。

つまり、不動産のオーナーは住宅ローンを組んでいるわけではないということです。住宅ローンは住居費を支払う消費にすぎません。その場合はローンをたくさん借りるほど返済金額が上がるので苦しくなります。

しかし**不動産投資の場合の借金は意味合いが違います。**不動産投資はたとえ借金の額が多くても、それだけ家賃収入が毎月入り、差し引きでプラスになっているならば、返済に困るということにはなりません。

それどころか長期返済で毎月の支払額を減らせばキャッシュフローはその分大きくなる。このことはすでに何度か述べてきたことです。

**フルローンまたは、オーバーローンで長期返済という不動産投資スタイルにとって、必然的に木造アパートよりも、法定耐用年数の長いＲＣ物件のほうがふさわしい選択**になります。私に融資をしてくれた金融機関はＲＣ物件ならば融資をするという条件でしたが、理由は、まさにそこにあります。

家賃収入に対する月のローンの返済額の割合を「返済比率」と言いますが、この割合をできるだけ下げるためには、むしろ物件価格は高くともＲＣ物件を手に入れ、長期返済を設定するほうが確実に利益を積み上げることができます。

長期間所有していると、いろいろと修繕費もかかってくることになるのでは？　そんな疑問もあると思います。ただしそれもキャッシュが十分にあれば、それを当てることができる。

## 資産を増やしたければ法人名義で購入しなさい

２０１９年４月現在、私は２社の合同会社として８棟の不動産物件のオーナーとなっています。区分のマンションは別として、最初の木造アパートのオーナーとなってからわずか２年半ほどしか経っていません。その意味では「急成長」した会社です。

**不動産経営をするにあたっては、税制面などを考慮しても法人であるほうが有利**です。

私の場合、合同会社を早くから立ち上げていましたが、３棟目の物件までは個人名義でした。それは当初保険の営業で収益をあげていたので、個人のほうが属性を評価しやすかったという状況が大きかったからでしょう。

３棟目については、まず個人での実績がすでに既存の２棟で証明されていたことと、３棟目が前述の通り、金融機関の肝いりで融資に至ったことが大きいと思われます。

この3棟目で1億7000万円という大きな融資を受け、その後、4棟、5棟までこの金融機関から借り入れることができました。

法人化するのは、それほど面倒なことではありません。株式会社を設立するには、以前なら1000万円以上の資本金が必要でしたが、2006年の会社法の改正によってその枠が撤廃され、資本金1円以上から株式会社が設立できるようになりました。

ただ現実問題として、1円で会社を設立することはできません。各種手続きによってそれなりの金額は必要になります。

その点、合同会社とは社員＝出資者すなわち会社役員という形式になるため、1人会社なら1円、2人以上なら2円の出資を募ることにより設立することができます。あとは、何らかの許認可事業を始める以外ならば、事務所の必要経費や運転資金など、現実的な費用を負担するだけです。

株式会社も合同会社も同じ法人として扱われます。法人としてのメリットは、個人よりも法人税として支払ったほうが税制上有利な面が多々あります。

## 法人名義にするメリットとは？

まず**一番大きいのは節税対策になるという点。**企業として利益にかかる税は法人税と法人住民税、法人事業税です。個人の場合は、課税は累進課税となり、所得が増えるほど税金は上がっていきますが、法人の場合、所得195万円を超えて330万円以下なら10％、330万円を超えて695万円以下ならば20％となり、税率は最高で40％までです。

住民税は、どこに住んでいても一律で所得の10％を支払う所得割と、市区町村によって異なる均等割の合計額からなりますが、年間の所得が500万円を超えたあたりから、法人化したほうが、税率が有利になるケースが生じます。

さらに**責任を有限責任にできる点はメリット**でしょう。個人の場合、何らかの原因で負債が発生した場合には個人の負債として借入金などを背負うことになりますが、法人化している場合には、基本的に出資金の範囲内での責任に限定できます。

また**法人のほうが信用度は高く、企業によっては取引を法人のみに限定している**ことが多いため、取引先の幅も広がるうえ、金融機関からの融資も保証人を立てる必要がなく、資金調達をしやすくなるというメリットもあります。

その半面、**社会保険への加入の義務や赤字になっても免税されない点、税務申告など書類の作成や手続きなどに手間がかかるなどのデメリットも**あります。そこをどう受け取るかが、法人化への分かれ道ですが、どう考えても法人化した場合のほうが、こと不動産経営についてはメリットが大きいと思われます。

本来ならば1棟目から法人として取引したいところです。それを理解してくれる金融機関に巡り会えたならばそれは幸運なことです。しかし、通常はまず個人事業主から始めて実績を積んでから法人化へ移行するケースのほうが多いのも事実です。ですから、1棟目は個人事業主として手に入れるとしても、なるべく早いうちに法人化を検討し、実行に移したほうがいいでしょう。

## 団体信用生命保険を効果的に使う

マイホームを購入したことがある方なら分かると思いますが、住宅ローンを借り入れた際、万が一のことが起きて契約者が死亡したり、高度障害の状態になってしまってローンの支払いができなくなってしまったりした場合の対策として、団体信用生命保険（団信）に加入することが1つの条件となります。

万が一の場合に、保険が肩代わりし、ローン残額を支払って残された家族に負担をかけさせず経済的に困窮させせないための保険です。

不動産物件を購入した場合、個人住宅でも賃貸マンションでも、いずれにしても資産を形成することになりますが、支払いの方法を一括ではない形で契約することができます。

つまり、もしローンを抱えて死亡して返済残高が1000万円だとしたら、一括の場合には1000万円が支払われます。しかし収入保障型の保険にして契約すると、たとえば残りの返済年月に応じて20年ならば月々10万円などというように、分割して受け取る方法があるのです。

**マンション経営として不動産を購入した際にこの団信に入って収入保障型を選択すると、万が一の際、返済は保険金からできるので賃貸収入がそのまま残る。**毎月の収入と支払いのコストの差し引きが明確に数字として算出できるうえ、返済年数と収入保障の年数を一致させた設計をしてもらえれば、万が一自分が死んだ場合でもローンの返済が終了したところで保険の支払いもちょうど終わりになります。

つまり、**最初から最後までの数字がすべて前もって算出でき、自分が死んでも死ななくても状況に応じて先読みできるというメリット**があるのです。

そして何よりもメリットなのは、個人住宅と違って、マンションという家賃収入が期待できる不動産が残るという点です。私が死んでしまっても、たとえば妻はローンの支払いを終えた上で残りの人生を残された不動産の家賃収入で生活することができます。

何らかの事情で大きな額の現金が必要となったら、どれかの物件を売却すればいいわけです。日本は家屋に価値を見出しませんが、地面には地価が設定され、資産となります。現時点のまま8棟でこの先、不動産経営をしたとしても、家賃もしくは不動産売却でそれなりの金額は保障されます。言ってしまえば、団信が最低限ローンの肩代わりをしてくれるということであり、その後の生活設計をする上で重要なポイントになります。

人によっては、この団信の収入保障さえいらないという強気の方もいるのですが、うちの妻の場合は若干不安が残るので、そこはきちんと約束して、どんなことがあっても生活に困らないことを保障することで了解を取っています。

ある意味、契約者に何事も起きなければただの掛け捨て保険を掛けたのと同様になるわけで、そこを無駄だと考える人がいるのですが、それなりの家賃収入が入ってくることを考えると、多少のコストを考えても安心できる選択肢を取ったほうが、予測できない未来に対しての保障となるので、あくまでも事業の上での必要なランニングコストとして盛り込んでおいたほうが絶対にいいと考えています。

COLUMN

## 「倍返しだ!」……読書から銀行の作法・考え・言葉を理解する

私は読書が好きなタイプの人間ですが、保険会社にいた経験もあって、池井戸潤さん、江上剛さんなど、金融機関を舞台とした小説を好んで読んでいます。

池井戸さんの小説といえば、今では知らない人がいないほどの話題作となった「半沢直樹」シリーズが圧倒的に面白い作品で、かつ勉強にもなりました。

曲がりなりにも金融に携わっていたので、他分野の読者よりは専門用語や状況などがすんなりと頭に入ってきますし、登場人物たちの気持ちもよく理解できます。

さらに、金融機関と交渉する立場になった現在、相手の裏側を読み解く貴重な資料としても役に立ちます。

たとえば銀行マンはこんな状況のとき、何を気にするのか。支店長や本店の立ち位置や権限はどこまでに及ぶものなのか。どのように稟議が上がり、会議や審査が行われているのか。社員の評価はどのように決定するのか、などなど。

相手を知ることは、交渉する側である私たちにとって大きなメリットとなります。

フィクションだったとしても、銀行の作法や思考の仕方の雰囲気を理解しておけば、「次はこう来るだろう」とあらかじめ行動パターンを読んでおくことも可能です。

こんなことを言ったら銀行側に舐められるんじゃないか、見透かされるのではないか、といったさまざまな不安も減り、シャキッとしたスーツを来た相手を目の前にしてもビビらなくなるのです。あとはこちらがいかにきちんとした提案をし、意見を述べるかだけです。場合によっては本当に「倍返し」をするタイミングもあるかもしれません。

あくまで娯楽の一部ではありますが、著者がその現場にいたという実績に裏付けられた小説は、面白いだけではなく、知識を広げてくれる手がかりとなるのです。

もし未読の方がいらしたなら、池井戸潤さんの小説は金融業界の業務マニュアルとしてもオススメです。

# 【第2章まとめ】

## 不動産投資で成功するための6か条

川添さんが考える〝圧勝〟大家の

# 交渉のやり方

- ●サラリーマンほど有利に買える
- ●地元の信用金庫、信用組合を狙う
- ●「収支」と「返済計画」を明確にする
- ●融資の際は、家族の協力を得る
- ●ローンは、金利よりも返済年数を重視!
- ●法人名義にしたほうがメリットがある

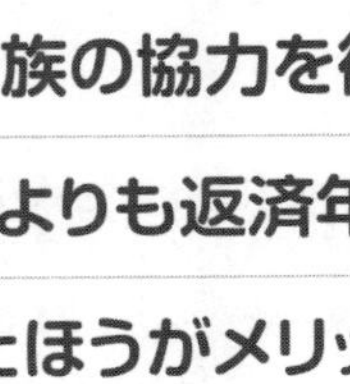

chapter

# 3

第3章

【〝圧勝〞大家の事業戦略 その2／購入編②】

# 物件には4つの視点でアプローチする

# はじめて物件を買うときにダメ物件をつかまないためのルールを知ろう

## 物件価格にばかり目が行っていませんか？

本章では、不動産投資で勝ち抜くためには、どのような物件を購入すべきか、物件選びのポイントについて解説していきます。不動産投資を始めたばかりの頃は、物件価格をはじめ、物件のスペックばかりに目が行きがちです。購入後の具体的なイメージができないがために、買った後のことが疎かになるのです。

そこで本章では、物件購入後に陥りやすい落とし穴と、その対処法についても解説していきます。

物件選びを始める前に、ぜひみなさんに知っておいていただきたいことがあります。それは不動産の世界で、「千三つ」という言葉があることです。これは「１０００件の物件を見ても、購入すべき優良な物件は3つしかない」という意味です。

1000件の物件を見ても、いい物件はわずか、3つしかないのです。

それくらい、本当にいい収益物件を手に入れることは難しいと肝に銘じることです。その上で、本章では、物件のどこを注視すると良いのかをお伝えしていきます。物件を選ぶなかで、多くの人は物件価格と表面利回りを最初にチェックしています。そこばかりに目が行くと、失敗する以前に、そもそも物件を購入できないことが多いのです。

**収益物件を手に入れるために、物件価格や利回りといったスペックは、たとえば車でいえば、片輪でしかない状態です。では、もう片輪は何かというと、融資を受けるための融資条件です。この2つが揃ってはじめて、物件を購入することができる**のです（図01）。

たとえ、スペックだけを見て「お宝物件を見つけた」と思ったとしても、融資条件次第では、お宝物件とは言えなくなるかもしれません。

## 図01（再掲載）
## 4つのタイヤ

### 不動産投資と賃貸経営の4つのポイント

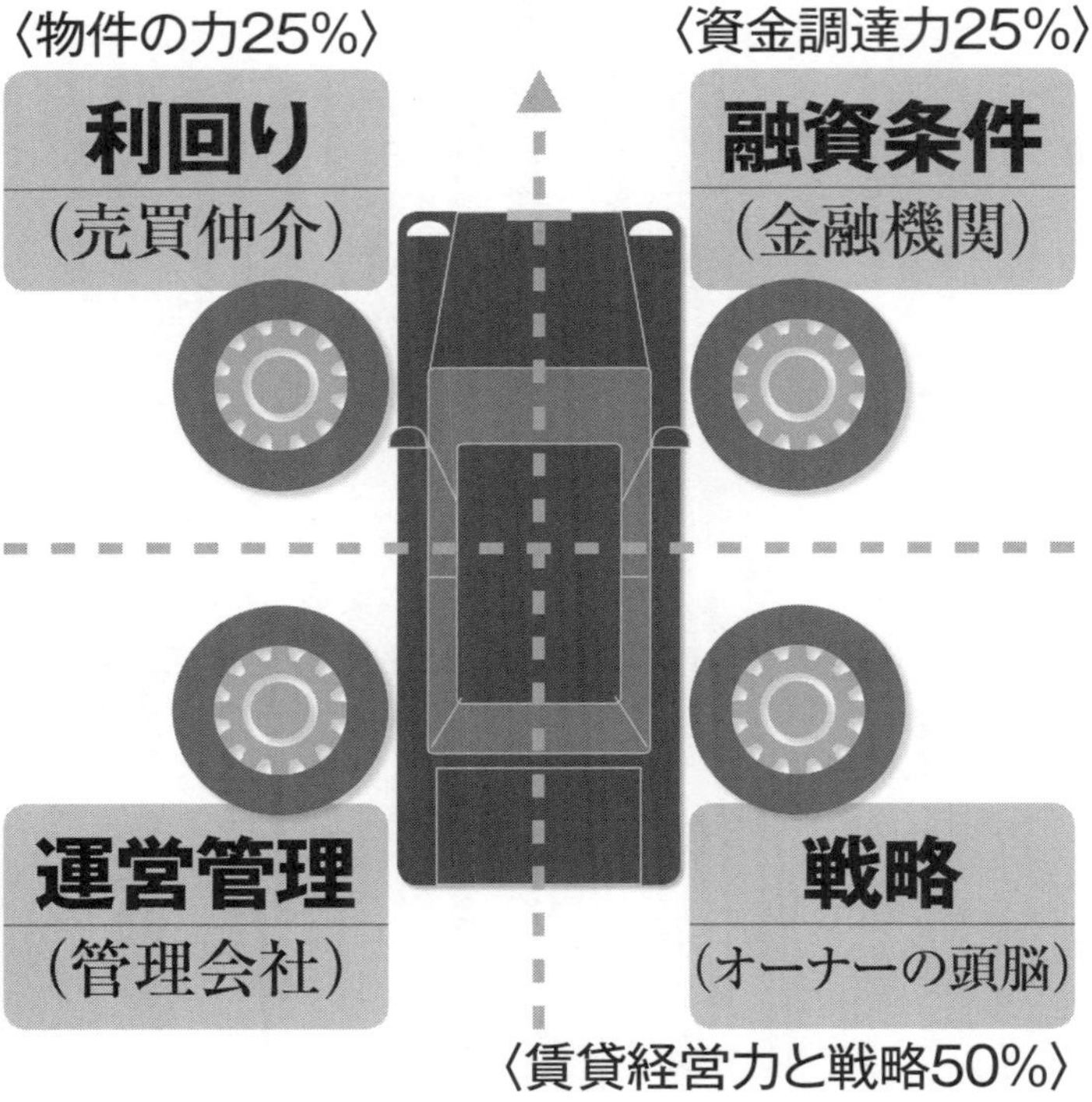

逆のケースもあります。一見すると、表面利回りが低いケースでも、融資条件が良ければ、順調に賃貸経営ができます。このように物件のスペックと融資条件を両輪で考えることが重要です。この点は、普通の買い物と違う点です。さらには、このことが不動産を買う場合の最大の落とし穴にもなりうるのです。

そもそも収益物件を購入するなら、融資を行う銀行から見ても優良物件でなければいけません。普通の買い物ならば、自分が買いたいと思ったら、お金を出しさえすれば、買えるでしょう。ところが、不動産投資の場合は、購入金額が大きいため、金融機関から融資を受けることができなければ、どれだけ欲しくても買えません。

不動産会社が熱心に勧める物件がありますが、それが必ずしもいい物件とは限りません。それは業者にとって、「早く売りたい物件」なのかもしれません。

初心者にとって、物件価格や利回りは、分かりやすい1つの指標にはなるでしょう。しかし、私が不動産投資を続けていくなかで、物件購入時に見るべきポイントはそこではなかったと分かってきたのです。

実際に買った後の運営について考えることも、利回りなど物件のスペックと同じくらい大切なのです。

## 物件購入に必要な4つの視点

では、本当に買うべき物件は、物件のどの情報を重視すべきなのでしょうか。私は、次に挙げる4つの視点が大事だと考えています。

まず1つ目は、**利回り**です。利回りは、高ければ高いに越したことはありません。しかし、利回りだけでも判断はしきれません。**利回りについて注意したいことは、一棟ものの大型物件ともなると、エレベーターや共用部のメンテナンス費用がかさんで、表面利回りと実質利回りの差が大きく開くこと**です。分かりやすい例をあげると、ワンルームマンションならば、管理費や修繕費が明確で、運営費に大きな差がないため、利回りの予測が立てやすくなります。そう考えると、利回りだけではなく、総合的な判断が大事であることがお分かりいただけるでしょう。

利回りには、表面利回りと実質利回りがあります。私の場合、表面利回りでざっと計算していますが、この2つの算出方法を覚えておきましょう。

表面利回り（%）＝年間の家賃収入÷物件の取得価格×100

実質利回り（％）＝（年間の家賃収入－運営費※）÷物件の取得価格×100

※運営費（管理費＋固定資産税＋都市計画税＋火災保険料＋修繕費＋共用電気代＋清掃代など）

次に、物件購入に必要な2つ目の視点について解説します。それは、**自己資金**についてです。自己資金は、「物件価格の1割は必要」など、人によって、いろんな考えがありますが、私の考えは、**「自己資金は極力少ないほうがいい」**です。自分のお金を使わずに投資ができるのは、投資の世界で言えば不動産投資くらいでしょう。株やFXなどでは融資を使うことができません。融資を賢く利用してこそ、不動産投資の旨みがあるわけです。

3つ目は、**イールドギャップ**が大きいほどいい物件であることです。

不動産投資の世界では、**借入金の金利と投資物件の利回りの差をイールドギャップと呼びます。**たとえば、年間の家賃収入が400万円、物件価格が4000万円であれば利回りは10％になります。この不動産のための購入資金を銀行が金利2％で貸してくれるとすると、投資利回り10％から借入れ金利2％を引いた8％がイールドギャップとなります。

イールドギャップが大きいほうがいい物件です。つまり、**イールドギャップが大きければ大きいほど、返済比率が低くなり返済の負担が軽くなります。**そうなると運営に余裕が出て、手元に資金が残りやすくなります。これが大きなメリットです。ここで例を出して解説しましょう。

〈例〉

物件A　利回り　9％　金利2％
物件B　利回り　10％　金利4％

利回りだけで見ると、物件Bのほうが、条件がよく見えます。しかし、イールドギャップで比較すると、物件Aのほうが高くなります。

【イールドギャップ】
物件A　9－2＝7％
物件B　10－4＝6％

もちろん、イールドギャップだけでは、その後の運営にゆとりが出るかどうかは断定できません。ただ、利回りだけを重視するのではなく、イールドギャップまで見て、物件を判断すべきなのです。

最後に、物件を見る時の４つ目の視点は、**キャッシュフロー**です。キャッシュフローとは、収入から支出を引いて残ったお金の流れを意味します。不動産投資の場合、家賃収入から金融機関へのローンの返済額や税金を支払った後、手元に残るお金のことをいいます。

なぜ、ここまでお伝えした３つ目までの視点が重要かというと、この３つの視点は、最後の４つ目の視点であるキャッシュフローにつながっています。

つまり、**手元にキャッシュが毎月どれくらい残るかが大きなポイント**となります。キャッシュフローが良ければ、収支が良くなり、銀行からの評価が上がり、その後、物件が買いやすくなります。その次の物件、またその次の物件と購入スピードが上がって、財務が飛躍的に向上します。

そのため、自己資金は少ないほうがいい、利回りよりもイールドギャップを意識して、キャッシュフローを最大限に積み上げるという考えになってくるのです。ぜひみなさんもこの４つのポイントを頭に入れて、物件を見ていくように心がけましょう。

## 良い物件は早い者勝ち

前述した４つの視点を念頭に置きながら、いよいよ物件を探す際のコツについて、お伝えしていきましょう。ここで重要になってくるのが、不動産会社との付き合い方です。良い物件は、やはり早い者勝ちです。早くいい物件を手に入れるためには、良い情報をどれだけ優先して紹介してもらえるかにかかってきます。

インターネットの収益物件専門の仲介サイトに掲載されている物件など、表に出てくる情報は、いわば売れ残り。その情報を待っているようでは、川下で魚が流れてくるのを待っているのと同じ状態です。いかに川上でいい物件に早く出会うかが重要なのです。

ここで知っておきたいのは、不動産を売る側にもさまざまな事情があるということです。そもそも、昨今では、営業マンを抱えていない不動産会社もあります。営業マンが努力して買い主を探すよりも、広告を出して買い主を見つけたほうが手っ取り早い場合があります。不動産投資セミナーを主催して、物件を買おうとしている見込み客を集客してそこで物件を売るケースもあります。

不動産投資サイトの広告を使った流れでは、たまにお宝物件があることもありますが、多くの場合、一番いい物件の情報は、不動産業者からの紹介です。不動産の仲介会社は物件を売ることが仕事です。物件を売るためには融資が付かないといけませんので、まず融資が付く人に、いい情報を持っていきます。

相手の立場にしてみれば、いい情報を初めての人には話さないでしょう。ですからまずは相手と何度も会って信頼関係を築くことです。また、いい関係を築けたら、その関係を維持していくことが大事。そして、いい情報が来たら、すぐに動くこともポイントです。そのためには話が来たら、すぐ動ける状態をいつでも作っておくことです。

## 不動産会社はこんな顧客に優良物件を紹介する

不動産会社との付き合い方は、金融機関と関係の築き方に似ています。金融機関といい関係を構築できていれば、業者も安心します。そのためには、まず自分の立ち位置を、よくわきまえて不動産会社や金融機関からどう見られているかを理解することです。

不動産会社にとっても金融機関にとっても、優良物件を紹介したくなる人は、融資が付きやすい人です。融資が付く人とは、第一に実績がある人です。すでに投資用の物件を持っている人のこと。

私の場合、3～5棟ぐらい収益物件を所有した頃から、不動産業者から、本当に水面下で情報が入ってくるようになりました。これまで10棟買いましたが、後半に購入した6棟は一般の流通に乗る前に、情報をもらい購入しました。

では、**はじめて物件を買う場合はどうしたらいいかというと、最初は、70～80点ぐらいの物件で、満足して買うこと**です。そして、いま自分のいるステージを自分自身で上げていくのです。ステージが上がれば、相手にとって優良顧客へと変わっていき、点数が高い物件の情報が入ってきやすくなります。

最初から100点満点の物件を求めていると、なかなか最初の1軒を手に入れることができません。完ぺきなものを求めてもきりがなく、求め続けたところで結局は買えず時間だけがたっていきます。〝買えない人〟が多いのはそういったケースです。

ましてや1棟目を持つには数千万の負債も負う一方、一事業者になることでもあり、大きく状況が変わり、ステージが変わります。つまり、労働収入以外の収入源を生み出している状態になります。**その世界に一歩でも踏み込むことで、見える世界が変わってきます。**

**まずは収益物件を持っている人の仲間入りをすることをおすすめします。**何よりその経験値が大きい。そして実績を積み上げていき、不動産業者にとって情報を真っ先に紹介したい人になりましょう。そうすれば、情報はどんどん向こうから入ってくるようになります。

みなさんも川上で物件情報をつかめるように、ここであげた対策を実践してみてください。そうすると流れてくる情報が変わってくることに気付く日がくるでしょう。

# 数値を打ち込むだけで買いたい物件が分かる試算表

## 試算表はここをチェックしろ！

不動産会社からいい物件があると紹介されたら、次は、その情報をより早く判断することが重要になります。そのためには、数字に基づいた指針があると便利です。一瞬にして判断できる、客観的な指標が必要になってきます。不動産会社や金融機関の話を鵜呑みにせず、自分できちんと客観的に指標を持つことが大事です。

その指標を持つためには、やはり勉強しないといけませんが、他のビジネスに比べたら、不動産投資の勉強の難易度はそう高くありません。不動産投資で学ぶことは、極めてシンプルだからです。

私は不動産投資をする際にキャッシュフローを重視していますが、お金が手元に残ればいいというものでもありません。購入する価格に対してこれくらいは残ったほうがいいという目安になる割合があります。

たとえば、後ほどご紹介しますが、1億円投資するならば、これくらいのキャッシュフローがあればいいという指標が分かる試算表を作成しています。

物件を買おうかどうしようか検討するときは、試算表に必要な数値を打ち込むだけの状態にしています。数値を打ち込んで、指標を上回っているかどうかをチェックします。今では、物件の概要を見るだけで、数値を打ち込む価値があるかどうかぐらいは判断できるようになりました。

もちろん、数値だけですべてを判断することはできません。実際に物件を見て、現地調査をしたり、銀行に物件情報を持ち込んで、プレゼンをしたり、その繰り返しが大切です。

これを繰り返していくと、銀行に「この物件を持ち込んだらどうなるか」「融資が下りて購入したら、その後、どうなるか」など、物件を購入した後のシナリオが徐々に描けるようになるでしょう。

また業者が公開している物件の資料を見ることで、利回りやイールドギャップなどを調べることもできます。

ただし、キャッシュフローや返済比率、空室の余裕率は、自分で調べないと分からないことが多いものです。業者には業者の都合があり、特に仲介会社は売るのが仕事ですから、悪い数字は出したがらないものです。

しかし、**買う側からすると、キャッシュフローや返済率、空室の余裕率は、その後の運営に関わってくるため、とても重要な数値**です。

知らないと命取りになるかもしれないので、たとえ空室が多くなったとしても、何部屋まで空いても耐えられるかなども調べておくといいでしょう。

次のページでは、第2章でも簡単な説明をしていますが、私がいつも使っている実際の試算表をもとにより詳しく解説していきます。

## 〈資金計画表について〉

試算表は大きく分けて、2つあります。1つは、必要な費用をまとめた資金計画表です(図05)。もう1つは、収支計画表です。まずは資金計画表について解説します。これには不動産価格をはじめ、諸経費、総事業費、借入額や自己資金、返済計画などを書き入れます。

ここで例にあげているのは1億3000万円の35戸入る1棟アパートを購入するときの試算表です。融資条件などは物件と金融機関によって、決められてしまいますが、ここで意識したいのは「諸経費」です。**諸経費は不動産価格の6%を目安にします。**通常、購入する不動産価格に応じて、物件購入時にかかる費用も変わってきます。建物に対する消費税、不動産仲介手数料、契約書に貼る印紙税、登記費用、不動産取得税などがあります。一般的に不動産価格の7~8%が購入時に必要だと言われていますが、私は6%を目安にしています。ポイントとして、火災保険料は一括払いにするよりも、月払いにしたほうが毎月の経費にできるため、おすすめです。

諸費用には、登記の手続きをする場合は司法書士へ依頼することになるので、司法書士への報酬も必要になります。この他に、所有権移転の日からオーナーに支払い義務が発生する固定資産税・都市計画税といった税金も必要ですね。

## 図04（再掲載）

# 資金計画表

| | |
|---|---|
| 価格 | ¥130,000,000 |
| 諸経費 | ¥7,800,000 |
| 総事業費 | ¥137,800,000 |
| 借入額 | ¥134,800,000 |
| 自己資金 | ¥3,000,000 |
| 返済年数 | 30 |
| 返済回数 | 360 |
| 固定・変動・据置 | 変動 |
| 金利 | 2.500% |
| 毎月返済額 | ¥532,628 |
| 支払利息総額 | ¥56,946,080 |
| 総返済額 | ¥191,746,080 |

**価格の6%が目安!**
含まれるものの例
●取得税
●仲介手数料
●登記費用
※火災保険は一括払いではなく、月払いにする

### 〈収支計画表について〉

続いて収支計画表を作成します（図05）。これによって、返済比率やキャッシュフロー、表面利回りについて、具体的な数値が把握できるようになります。

不動産における収入は、家賃収入や礼金、更新料などの「不動産収入」から、毎年の必要経費を引いた額になります。さらに税金を差し引いた額が税引き前後キャッシュフローです。

支払費用とは、返済額や管理費、共用部の電灯など電気代や点検や清掃費用に、生命保険や火災保険、固定資産税、都市計画税の月額換算した額です。

生命保険は団体信用生命保険にかかる金額で、不明な場合は概算で算出します。固定資産税、都市計画税は、年にいくらという形で請求されるため、毎月支払うわけではないのですが、ここでは月のキャッシュフローを重視するため、月額に換算します。

表の一番下の数値が、物件を購入すべきかどうかをジャッジする、いい判断材料になります。まず、**返済比率は、返済月額÷家賃収入月額で算出します。収入に占める仕入れ割合を示す数値です。50％以下が理想です。60％を上回ると危険水域**だと考えていいでしょう。

家賃単価は、家賃収入を戸数で割れば算出できます。

空室余裕率は、税引き後キャッシュフロー÷家賃単価÷戸数で算出します。これで、経営の余裕率が割りだせます。割合が高いほど余裕があるということです。この例の場合、29％の空室が損益分岐点です。

**CF率は、税引き後キャッシュフロー×12カ月÷価格で算出します。これは、投資効率を表す最も重要な指標です。最低2％以上ないと投資効果があるとはいえません。**備考欄に、ファミリータイプのため、長期賃貸が見込めることや、駅近で幼稚園・保育園・小学校・中学校が徒歩圏内であることなどのアピールポイントを明記しておきます。

こうして不動産会社からの物件情報から具体的に試算して、総合的に買っていい物件かどうかを判断します。

ぜひみなさんも最初は相場観を養うトレーニングだと思って、気になる物件があれば、このような試算表を作って、物件をいくつか実際に見ていきましょう。

## 図05（再掲載）

# 収支計画表

不明な場合は概算で算出

相場の5%で算出

| | | 満室時 | 現状 |
|---|---|---|---|
| 支出 | 月融資返済額 | ¥532,628 | ¥532,628 |
| | 月管理手数料（家賃の5%＋税） | ¥57,135 | ¥53,568 |
| | 共用電灯・電力概算 | ¥17,000 | ¥17,000 |
| | 消防点検 | ¥1,333 | ¥1,333 |
| | 定期清掃 | ¥10,800 | ¥10,800 |
| | 生命保険概算 | ¥20,000 | ¥20,000 |
| | 火災保険概算 | ¥20,000 | ¥20,000 |
| | 固都税合計額月額換算 | ¥90,115 | ¥90,115 |
| | 合計 | ¥749,011 | ¥745,444 |
| 収支 | | 満室時 | 現状 |
| | 月間家賃収入 | ¥1,058,060 | ¥992,000 |
| | 月間支払い費用 | ¥749,011 | ¥745,444 |
| | 税引後キャッシュフロー | ¥309,049 | ¥246,556 |

年額を月に換算して算出（あくまで月のキャッシュフローを重視する）

税引き後キャッシュフロー×12カ月÷価格（投資効率を表す最も重要な指標）最低2%以上はないと投資効果なし

家賃収入月額÷戸数

家賃年収÷価格

| 35戸 | 返済比率 | 家賃単価 | 空室余裕率 | CF率 | 表面利回り |
|---|---|---|---|---|---|
| | 50.3% | ¥30,230 | 29.2% | 2.85% | 9.76% |

返済月額÷家賃収入月額（粗利。収入に占める仕入れ割合を示す）50%以下が理想。60%を上回ると危険水域

税引き後キャッシュフロー÷家賃単価÷戸数（経営の余裕率。割合が高いほど余裕がある）この例の場合、29%の空室が損益分岐点）

## 不動産相場はこうして身に付ける

収益物件を紹介される時点で、物件の価格や利回り、賃借の条件を示したレントロールなどが資料として提示されますが、ここで**注意したいのは中古物件の場合です。提示された資料が「本当にそうか」、疑ってかかることが大事です。必ず自分で確認する習慣をつけましょう。**

なぜなら、家賃の明細書など、いくらでもいじることができるからです。私は実際に自分の目と足で、「本当にこの立地で、この建物で、周辺相場に比べて家賃がおかしくないか」を調べるようにしています。そうして不動産相場を身に付けるのです。

特にエリアを絞って、リサーチすることに慣れていくと、「この物件は設備投資をしたばかりだから、家賃を高く設定しているのだな」など、ヒアリングする前に、分かるようになります。

周囲の相場から比べると家賃を高めに設定して、利回りを高く設定している場合もあります。これは物件を売るための不動産会社の戦略です。

その戦略に対抗するには、**不動産投資をする上での相場観を身に付けることです。相場観を知るために必要なのは、やはり常に現場を見ること**です。

家賃相場は、インターネットで、「ホームズ」や「アットホーム」といった賃貸専門サイトを調べればすぐに調べられます。

実際に買おうかどうか迷っている物件には、足を運んで、建物を実際に自分の目で見ることです。現地で「肌で感じる」ことがありますし、物件を見に行って、好みが分かれることもあります。

不動産は、世の中に同じ物件が1つとしてありません。物件だけを見たら申し分ない物件でも、実際に足を運ぶことで、書面では気付かない何かに気付くことがあります。

たとえば、隣に墓地があったとします。多くの人はそれだけで購入を避けるかもしれません。しかし、実際に足を運ぶと、駅が近くて利便性抜群で問題がないと判断できるケースもあります。逆に、書面では周辺環境に問題がないと思っても、足を運んでみると、物件のすぐ前に急な坂道があって入居者に影響するなど、現場に行かないと分からないことがたくさんあります。

サラリーマンをしながら投資をする場合、普段の仕事があるわけですから、いい物件の情報を得たからといって、すぐには現地調査できないこともあるでしょう。

私は、情報が出てすぐに行く必要はないと思っています。行けるときに行けばいいのです。相談できる金融機関があるならば、実際に物件情報を持ち込んで、審査中に現場を見たとしても遅くはありません。もし、現場を見たときに、何かおかしなことに気付けば、審査を取り消すことができます。

私の経験ですが、3〜4棟仲介してくれたことがある不動産会社の担当者が「これはとてもいい物件です」と推薦する場合でも、いざ自分で現地を見てみたら、「それほどいい物件ではなかった」ということがあります。

そのような場合は、紹介してくれた相手の顔を立てる意味でも、なぜ自分にとって買うべき物件ではないのか、理由を明確に伝えます。そうすれば、相手は理解をして、また条件に合う物件を紹介してくれます。こうしたケースは、今も度々あります。

ちなみに**現地調査をして、イメージと違うケースで多いのは、資料に明記してある築年**

**数よりも、建物の状態がボロボロで老朽化が進んでいるケース**です。

他にも、資料では、利回りが高いけれども、通常のアパートとは違って、店舗などテナントが入っている物件で、テナントの家賃の割合が高過ぎるケースがありました。テナントが実際、入っていないにもかかわらず、入居している前提で利回りが計算されていることに気付いたこともあります。

テナントの場合、一度空いたら、なかなか次の入居が決まらないことがあるため、要注意です。

空室率も、実際に現地調査に行くと、資料にある数字と大幅に違うケースが時々あります。実際のレントロールよりも空室が多い場合は注意すべきです。そこに悪意があるのか、ないのかが分かるのです。

空室かどうかは、カーテンがつけられているかどうかや、シール留めなどで、郵送物が届かないようにしているポストがあるかどうかを見れば、すぐに分かります。

だから、自分の目で確かめることが重要なのです。どんなに懇意にしている業者からの紹介でも、購入後に公開しないように最後は必ず自分の目で確かめることです。

## 土地勘のない場所の物件購入は絶対にNG

購入後の運営まで考えると、土地勘のない場所や遠距離の物件を購入することは、初心者にはおすすめしません。私は自分の土地勘がある県内に限定して物件購入をしています。私の場合は、営業の仕事をしていたこともあり、記憶力には自信があります。気になる物件があれば、これまでお会いしたことがある人で、その地域に詳しい人や、その地域に住んでいる人や、そのエリアの出身者がいないかどうか、記憶をたどります。

誰かいたら、すぐに電話して、「この辺りの物件を買おうと思っています。この辺りの賃貸物件について、教えてもらえませんか?」など聞き出します。

とはいえ手当たり次第電話をしているわけではなく、やはり電話をかけるのは、不動産会社の人が多いです。今はある程度、不動産業界にパイプができてきたので「あの辺は賃貸ニーズがあまりない地域だけれど、ある一部分だけ、●●エリアに限ってはいい」など、ニッチな不動産情報を得ることができます。

はじめて物件を買う場合でも、気になる物件の近場に住む知人がいれば、ヒアリングしてみるといいでしょう。他にも、車で物件まで行って、その建物を中心に車で2〜3周してから、一息入れてみるのもおすすめです。

すると、「あれっ?」と気になることが出てくる場合があるのです。人の出入りが多い時間帯に行けば、どんな人が住んでいるのか分かります。「ちょっと変な入居者がいるぞ」と気付くこともあります。変な入居者がいたら、他の部屋の入居者が定着しませんし、退去も多くなり、なかなか新しい入居者が決まらないというデメリットがあります。

**駅から物件まで、歩いてみるのもおすすめです。そうすると、いろんなことが分かります。競合物件にどのような物件があり、入居率が高いのか、空室だらけなのか、そのエリアがどんな状態なのかも分かります。**競合物件にいい物件があれば、買おうと思っている物件の競争力が弱いと感じることがあります。

私一人で見るときもあれば、何か迷いを感じるときは、妻を連れて現地調査に行きます。特にファミリー物件ならば、主婦の視点が役に立ちます。私の妻に限らず、女性は感情でモノを決めることが少なからずあります。同じように物件を見ても、「なんとなく嫌だ」「なんとなく好き」ということがあります。でもその感覚が意外と当たっていて、入居者も妻と同じ反応をすることがあるのです。

たとえば、「なんとなく共用部が暗い」「ゴミ捨て場が汚い感じがする」といったことについては女性のほうがよく目がいくようです。

また、物件を見るときは、自分が住みたいかどうかではなく、入居者の目線で考えます。学生向けの物件であれば、「自分が大学生のときだったらどう感じるか」を考えます。

ファミリー向けの物件ならば、駐車場も入居者にとって重要になってきます。車で見に行ったら、駐車場が付いてはいるものの、非常に入りにくいことに気付いたこともあります。私の妻は車が停めにくい駐車場が嫌いで、駐車場が使いにくいと「その物件は買わないほうがいい」とよく言います。そして、その視点は、だいたい当たっています。

妻の視点は投資家目線ではなく、入居者に近い素人意見ですが、むしろそのほうが物件購入を考えるときには参考になるのです。結婚をしている人は、家族を巻き込んで、妻の意見を参考にするといいでしょう。妻に限らず、友達を連れていって、「ここだったら住みたいと思う?」などと聞いてみてもいいでしょう。

# 空室になってもあわてない！ 川添流・物件の見極め方とは

## 空室になったときの対策がイメージできるか？

不動産投資の落とし穴は、何といっても空室リスクです。そもそも日本の人口は減少傾向にあり、空き家が社会問題になっています。購入後、空室が増えれば、返済計画が予定通りに行かなくなることもあるでしょう。

一度退去が相次ぐと連鎖して、マイナスの影響を及ぼすことにもなりかねません。空室にさせないためには、いくつか手の打ちようがありますが、大前提として、空室に頭を悩ませずに済む物件を買うべきなのです。つまり所有して何年、何十年かは、賃貸ニーズのある物件を買うことが一番の空室対策となるのです。その上で、空室になったときの対策を購入時点で立てておくことが重要です。

私の場合、**空室余裕率は20％が、購入する最低ライン**です。物件の総戸数の20％までは空室になっても、返済に困らず、余裕がある状態で買えるようにしています。

たとえば、10戸入るアパートであれば、空室は2戸。30戸であれば空室は6戸が目安です。空室が常時それを下回らせる自信がなければ、その物件は買いません。

空室率はアパートの規模によっても変わってきます。4戸のアパートで20％というと、1室でも空室になると厳しくなってきます。

1年でも賃貸経営をすると、入居者の入れ替わりを少なからず経験することでしょう。最初に買ったときから2割減ることもあるでしょうが、一気に2割減る可能性は低いものです。その2割の振り幅であれば、運営には支障はないと考えています。空室対策として、家賃を下げる、入居者の属性を下げるという手もありますが、私の場合、入居者の属性については、保証会社の審査に通る人なら許可しています。

保証会社の審査に通らないケースでも、信頼できる連帯保証人が付けられる場合は許可します。

最近は外国人の入居者も増えていますが、保証会社の審査をクリアしていれば、基本的に問題はありません。外国人の入居者は都心に限りません。地方でも働く場所があれば、外国人の入居者が多いエリアがあります。保証会社に入っていれば、家賃の督促もこちらがやる必要はないため、言葉が通じないから、対応できないということはありません。

空室に悩まずに済むように、私の場合、物件を買うときに、入居者は社会人が多いのか、学生が多いのか、男性が多いか女性が多いか、よくヒアリングしておきます。そうすると、買った後に、空室が発生したら、どういった埋め方をしていくか、自分の戦略が立てやすいのです。

入居者の傾向が、バラバラでは設備投資がしにくいですが、似通った属性の場合、設備投資をはじめ、空室対策がしやすい利点があります。こうしたことも念頭に入れながら、物件選びをするといいでしょう。

## 大規模修繕履歴をチェックする

購入後に修繕で大変な思いをしないで済むために、物件を選ぶときには建物自体もよく見ておきたいポイントです。なぜなら購入後に大規模なリフォームが必要になる場合があるからです。

物件購入時に、リフォームが必要かどうかもチェックするべきです。

**まずチェックするべきは、大規模修繕をどれくらいしているか**です。おもに費用がかかるリフォームには2つあります。屋上防水と、外壁の修繕です。大抵の物件で、建物に大きくかかる費用は、この2つです。

これらのリフォームをしたばかりのケースと、数年前にしたケース、まったく何もしてないケース、いろんなパターンがあります。

修繕をしていない分、利回りが高ければいいという見方もあります。修繕をしたばかりでは、それだけ費用をかけているので、その分、利回りが落ちてもいいとの見方もできます。そこはケース・バイ・ケースです。

一般的に、大規模修繕したばかりの場合、融資が付きやすいケースがあります。たとえ利回りが低くても、当分、大規模修繕しなくてよければ、事業計画の備考欄に「何年前に修繕にいくらかけているので、十何年間は大規模修繕する必要がなし」と書いておいて、金融機関にアピールします。
逆に大規模修繕をしていなくても、その分利回りが高ければ、外壁も防水もリーズナブルな料金でできる体制を整えていますとアピールできるように、安くて信頼できるリフォーム業者の知り合いを見つけることも大切です。

また**耐震性能についても、購入時にチェックしましょう。目安となるのが、旧耐震か新耐震かで、建築された年を見れば一目瞭然です。**旧耐震は1978年、昭和53年までに建てられた建物です。その後は建築基準法の改正にともない、新耐震で建てられています。
地震に強いのは新耐震であることは明白ですが、私の場合、1棟だけ旧耐震の物件を所有しています。その物件は、旧耐震でも利回りが高いからです。旧耐震の難点を利回りでカバーできる物件でしたので購入しました。

## 長期的に入居付けできる物件か?

他の競合物件に比較して強みがある物件を買うべきです。強みとは、必ずしも、駅近でなければいけないわけではありません。

他の物件に比べて部屋が広かったり、築浅であったり、バス停に近かったり、人の出入りが多い施設に近いなど、何かしらの強みがあれば、そこを前面に打ち出して募集していけば、入居は決まりやすいものです。

入居者を決めるための戦略が取りやすいかどうかという目線が大事です。なぜなら、買った後の入居付けがラクになるからです。

**入居付けについては、管理会社とどれだけ協力体制が築けるかが重要です。**自主管理しない限りは、管理会社の管理に物件の運営は大きく左右されます。

リフォームを考える上で、どんな客層をターゲットにするのか、明確に絞り込んでいくことです。そのときに、管理会社からの情報が役に立ちます。男性なのか女性なのか、学生なのか社会人なのか、単身者向けなのか、ファミリー層向けなのか、ペット可なのか不可なのか、そのターゲットに合った設備投資が必要です。

管理会社にもいろんな管理会社があります。店舗を持たない管理のみの会社もあります。そうした管理会社は、入居付けは弱いです。しかし、店舗がない管理会社の営業マンが熱心に賃貸仲介店舗に対して、周知活動を行ってくれる場合もあります。入居付けの強い管理会社を、物件を購入する前に、リサーチしておき、どのようにリフォームをしたら入居者が集まりやすいのかをヒアリングするといいでしょう。

よく**初心者でありがちなのは、早く空室を埋めたいがために管理会社に対して「誰でもいいから、入居者を付けて」と頼むことです。それでは管理会社も苦労します。それよりも、競合物件よりも目立つような特色を付加するようなリフォームをしたほうが入居付けはしやすくなります。**

同じ地域の競合物件と比較して、その物件の強みを、発見すること。その強みがなければ、強みを作ることです。

第4章では、どのように物件の価値を高めて、上手に運営していくのか、運営方法について、詳しくお伝えしていきます。

# 【第3章まとめ】

## 不動産投資で成功するための6か条

川添さんが考える〝圧勝〟大家の

# 物件選び

- ●表面利回りより実質利回りを見る
- ●自己資金は少ないほうがいい
- ●イールドギャップの大きい物件を選ぶ
- ●毎月残るキャッシュフローを意識する
- ●購入時の諸経費は不動産価格の6%が目安
- ●返済比率は5割以下が理想

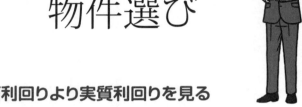

chapter

# 4

第4章

【〝圧勝〟大家の事業戦略 その3／運営編】

# 経費削減より売上向上に力を入れる

# 不動産投資で勝ち続ける大家が実践する“攻めと守り”のテクニック

## 賃貸経営は事業経営そのもの

本章では、物件購入後の賃貸経営について話を進めていきます。**私の不動産投資の方法は、経費を切り詰めるより、売り上げを伸ばしていくことが一番の大きな戦略ですが、どのようにして売り上げを伸ばすのか、**具体的な手法についてご説明します。

その前にお伝えしたいのが、不動産投資をする上での心構えについてです。**大切なのは、不動産投資は投資でありながらも、1つの事業として考えること**です。

利益＝売上－経費

売上＝客単価（家賃単価）×客数（部屋数）

## 経費＝仕入れ（返済）＋販管費

不動産は土地と建物に分けられ、土地の価値は地価により変動しますが、建物の価値は何も手を加えなければ、当然ながら目減りしていきます。

そのため、何かしら対策を施して、価値を上げていくことが重要です。もしくは建物の価値を維持することです。そうすることで安定したキャッシュフローを積み上げることができ、いつでも売却できる状態を維持できるのです。

いつでも売れる状態にするということは、建物の状態を良好に保つことと同じです。そうしておけば、家賃収入も安定的に得ることができ、利回りを保つことができます。

もしも満室が続いているのであれば、あえて手を加えないという選択をするのもいいでしょう。その分、現金を貯めて、他の物件に投資するなど、広い視野でトータルマネジメントを行うことが、不動産投資においては重要なのです。

特に地方の大家さんを見ていると、「家賃を上げていく」意識を持っている人が少ないようです。親から相続したアパートや、前のオーナーから買ったアパートを、引き継いだときと同じ家賃で運営しているケースがあります。それでは、いつまで経っても売り上げを上げることができません。

**家賃を上げて、売り上げを上げること。これが不動産投資で勝つ、絶対的な公式**です。

これらは、事業で言えば、「攻めの姿勢」です。では「守りの姿勢」は何かというと、一般的には、「空室対策」と言われていることです。私はあえて、「顧客対策」と呼んでいます。私の考え方として、経営においてまず大事なことは、守りを固めることです。賃貸経営における収入源は、入居者であり、入居者からの家賃があるからこそ経営が成り立つことを忘れてはいけません。

では、守りを固めるためには、**入居者の満足度を高める必要**があります。

**具体的には、物件を購入したら、毎月家賃を払っている入居者に目を向けて、入居者からアンケートを取り、「不便なことはないか?」などヒアリングします。不便をかけているなら、すぐに手を打ちます。**

入居者は基本的に、駅からの距離や古さ、広さなど、部屋のスペックに納得をして契約しているため、過剰な要求はあまりないものの、時々耳にするのが、「思ったよりも共用部が汚い」「電球が切れている」といったことです。清掃や管理が雑なケースもあるので、管理会社を注意するなど対策を施します。

**もう1つ、覚えておきたいのが、事業経営と同じく、賃貸経営でも、常に競争相手がいることです。**賃貸経営における競争相手とは、近隣にある同じようなアパートです。逆に競争相手がいないような立地では、入居ニーズがなく、商売にならないこともあります。ですから、競争相手がいること自体は悪いことではありません。

必ず同じ地域に競争相手がいるということは、「戦い」の連続です。勝つか負けるかの勝負の連続なのです。

大事なことは、競争相手にいかにして勝つかです。

どのようにして勝つかというと、やはり、物件にインパクトを持たせて、他の物件よりも目立つようにしたり、良さが伝わるように示していかないといけません。これについては、本章で詳しく私なりのメソッドをご紹介しています。

ここでは、家賃をしっかり確保し、さらに家賃を上げて、競争に勝ち続けるという、賃貸経営の基本的な心構えが必要であることをお伝えしました。

まずはこのことをしっかりと肝に銘じておきましょう。

## あなたの物件に「汚い」「暗い」「遅い」はありませんか？

不動産広告に載せる写真には、物件の良さが伝わるいい写真を使うものです。しかし、いざ**内覧に来てもらっても、なかなか入居が決まらないことがあります。**

**その理由は、いろいろあると思いますが、私の経験では「汚い」「暗い」「遅い」、この3つのことが多い**ようです。それらは管理会社に言えば、改善できるケースがほとんどです。

前述したように入居者にアンケートを取ることができればベストですが、もしそれができないのであれば、時々、所有する物件を見にいくようにしましょう。

明るいときと、暗いとき、それぞれ物件を見にいき、チェックします。そして、ゴミ出しの様子もチェックします。

ゴミ出しのマナーの悪い入居者がいる場合には、共用部に張り紙をするなど、対策を早急に取ることです。せっかく内覧希望者がいても、ゴミ置き場がしっかりと管理されていなければ、悪いイメージを与えて、入居を取り逃がしてしまいます。

## 図06
# 「汚い」「暗い」「遅い」への対策

**まずやるべきこと** 　よくあるケース

**1 汚い** → 清掃回数や箇所のチェック
→ 売買が中心の会社は注意

**2 暗い** → 照明交換・設置

**3 対応が遅い 悪い** → 管理会社を見極める
（訪問対応、電話対応、管理看板）

## 大事なのは…

- オーナー自身が**自分の目**で**見ること・感じること**
  **一次情報**
- 管理会社と協力体制を築くこと

## 事業経営である以上、任せっきりはありえない

賃貸の仲介業者が内覧時によく行う手法として、まず、難ありの物件を見せ、次に普通の物件を見せ、最後にいい物件を見せ、3番目に見た物件に決めさせる方法があります。多少家賃が高くても、その順に見せると3番目に見た物件が良く見え、入居者が決まりやすいという定説があります。ここで自分の物件が1番目のやや難ありの「捨て物件」に使われてしまっては、いつまで経っても入居が決まりません。

そうならないように、いい所をよく見せることです。そのためにも、まずは、「暗い」「汚い」「遅い」といったネガティブポイントに、いち早く手を打つことです。

そのためには管理会社に相談をして、すぐに対策を練るべきです。そこで次は管理会社について私なりの考えをお伝えします。

## 自主管理か？　管理会社か？

物件の管理を行う上で、みなさんがよく悩まれているのが、自主管理にするか、それとも管理会社に任せるべきか、ということです。自主管理にしても管理会社に依頼するにしても、任せきりにするのはおすすめできません。昨今問題になっている一括借り上げ制度を利用したシェアハウスでは、管理をすべて丸投げしていたようですが、私にとっては考えられないことです。

サラリーマン大家の多くは、サラリーマンを卒業することを目標にしています。不動産所得をサラリーマンの給与水準まで上げることを目標にしている人が多いようです。そうした確固たる目的があるならば自主管理はしないほうが賢明です。

**購入後、自分でしかできないことに軸足を置いて、人に任せてもいいことは、どんどんアウトソーシングすべきです。**

経費削減のために、自主管理をしようと考える人もいるでしょう。自主管理をすれば、サラリーマン大家なら、昼間の仕事中に、入居者から直接、電話がかかってくることもあります。たとえば、「トイレが水漏れした」といった電話もかかってきます。修理会社のツテがないうちは、その都度、業者さんを捜して対応することになり、手間がかかってしまい大変です。これでは、本業の仕事に影響しかねません。

もちろん、**不動産投資を始めたばかりで、一連の流れを知るためなど目的がある場合は、最初は自主管理をやってみるのもいい**でしょう。

また、所有するアパートの部屋数が少なく、物件が自分の家の近くにあるなど管理しやすいスケールであれば、自主管理をしてみるのも、それほど負担にならず、いい経験になるかもしれません。

私の場合、自主管理は1軒もなく、すべて信頼できる管理会社に任せています。人によって、趣味の延長線で自主管理を楽しんでいる大家さんもいます。

それが趣味であればいいのですが、経営的観点で、事業規模を大きくしていく目的であれば、2棟、3棟と増やしていく方向に軸足を置いていかないと、成長しません。物件を増やしていくためには、**本当に自分にしかできないことに集中すべきなのです。**

それは、売り上げを上げて、金融機関からの評価を上げることです。金融機関に対しては、どうしても自分が前面に出ないと前に進みません。そこに軸足を置き、フォーカスすべきです。

## 大家が見て感じる一次情報が重要

次に管理を依頼すべき、管理会社はどう見分けるといいかについて解説します。これは大家が見て感じる一次情報で判断できます。この情報が重要なのです。一次情報とは、まず管理会社を訪問したときに率直に感じたことです。

会社の入口から、奥のデスクの様子やスタッフの電話対応の様子、スタッフの表情から話し方、机の上が整理整頓されているかなどを見ます。雑然としていて、個人情報になりそうな書類が散見されるような会社は要注意です。

それから先は実際に管理を依頼してみないと分からないこともありますが、大抵は最初のカンが当たっていることが多いのです。

**不動産会社には、売買の会社、管理の会社、賃貸の入居者を募集する会社と大きく分けて3つあります**が、大手ほどすべての業務をやる傾向にあります。

私は買うことが多いので、買う会社が仲介した会社で、管理も引き続きやってもらうことがあるのですが、対応が遅いことも少なからずありました。

振り返ってみると、その会社の軸足が売買に向いているので、管理は対応が遅くなってしまうのです。管理を依頼する場合は、管理を専門にやっているかどうかもチェックするポイントです。

次第に所有物件が増えていくと、不動産投資においては、スケールメリットが出るようになります。もちろん、家賃収入も増えますし、管理物件が増えることで、管理会社からも上顧客として、扱いがよくなることもあります。たくさん物件を所有している人からの依頼であれば、ありがたいと思うのでしょう。

また、**大家さん同士、エリアによって、「この管理会社は良くない」「この会社のこの人はいい」といった口コミ情報があり、これが役に立ちます。**こうした情報を得るためにも、大家が集まる会にはぜひ参加するべきです。

**もしも管理会社に不満がある場合、管理会社をチェンジすることも可能です。3カ月前に告知をすれば、管理会社は変えられます。**告知してからでも、3カ月間は継続しないといけませんが、次の管理会社が「その3カ月分の手数料もうちが肩代わりしますから、すぐにでも替えてください」というケースもあります。

これは、それほど難しいことではありません。ただ、入居者に対して家賃の振込先が変わるなど、ちょっとだけ手間はかける可能性はあります。

このようにして、ベストな管理会社を見つけて、しっかりと管理できる体制を整えていきましょう。

## コスト削減の効果は意外と低い

次に経費について考えていきましょう。

経費は、どんな商売でも仕入れと、それに関する販売管理費になってきます。当然、これらの経費は下げたいものです。

賃貸経営での仕入れといえば、金融機関の融資でしょう。その返済額を下げられれば、それに越したことはありません。とはいえ、金融機関との交渉は、かなりハードです。実際に、金利交渉をしても、借入年数を伸ばさなければ、多少の金利では交渉の効果が薄いのです。販売管理費にあたる手数料についても、一般的に相場は決まっています。それを下げるというのは無謀です。

無駄な経費は削るのが当たり前ですが、不動産投資においては、削るところがほとんどない状態です。たとえば、家計の節約と同じように、光熱費を下げようとして、電気代を下げるにしても、共用部が暗くなってはイメージダウンです。

税金を安くするのも当然、無理です。むしろ、税金を多く支払ったほうが金融機関からの評価は上がります。

こうして考えていくと、結局のところ、経費を下げることは難しい上に、それを行う効果が低いという結論になるのです。

経費を下げることができないのであれば、どうやって、売り上げを上げるかというと、一方の要素である家賃を上げることです。

家賃についての考え方は次項から詳しくご説明します。

# 購入した後にやるべきこと やってはいけないこと

## 購入後は家賃を上げることを考える

投資用の不動産を購入したら、その後は、売り上げを上げることに目を向けるべきだと繰り返しお伝えしてきました。ここでは具体的にその方法について解説します。

まず、**賃貸経営でいう売り上げは、客単価×客数で決まります。客単価は家賃です。物件に手をかけ、魅力を増やしていくことをこの業界では「バリューアップ」といいますが、バリューアップして、物件の価値を上げていくと、家賃を少しずつ上げていくことが可能です。**

**もう1つ、売り上げを上げる方法は、客数を増やすこと**です。

客数を増やすには、部屋数を増やすことしかできませんので、新たに物件を購入していく必要があります。売り上げを上げるには、この2つです。

では、どちらが効果的かというと後者の部屋数を増やすことです。家賃を上げていくことも大事ですが、断然、後者のほうが、資産拡大のメリットが大きいのです。そして、そのほうがスピードも速いのです。

続いて家賃を上げるためには、具体的にどのような方法があるのかをご紹介します。まず1つは、後ほどご紹介する「ステージング」によって、内装を良く見せる方法です。リフォームほど費用をかけずに、家賃を高く設定しても入居者が決まるようになります。もう1つは、宅配ボックスや、乾燥機「ドライボックス」を付けるなど、付加価値を付けることです。さらにエントランスに手を加えて、競合物件よりも良く見せることで、第一印象を上げることです。

これらによって、家賃を少しずつ上げていくことが可能になります。次項から、これらのテクニックを1つ1つ、解説していきます。

## 持ち出しをせずに内装をヴァージョンアップする方法

**家賃を上げるための内装の工夫として私が始めて効果的だったのが「ステージング」で**

**す。**これは「演出」という意味で、家具を配置したり、カーテンをつけたり、壁紙をこだわったりして、すぐに住めるような状態にして、部屋のイメージを上げることをいいます。

大家向けの雑誌『家主と地主』で紹介されるなど、東京の収益物件ではすでにブームになりつつあります。

たとえば、新築のマンションには、モデルルームがあって、家具などが配置され、その部屋のイメージが作られています。目的は、販売会社が早く売ることです。それを賃貸経営にも応用したのがこのステージングです。

スウェーデン発祥で、世界最大の家具量販店「ＩＫＥＡ」では、家具のイメージがしやすいように、販売中の家具でコーディネイトしたモデルルームを設置していますが、ステージングは、まさにこのようなイメージです。

ステージングを行うときは、部屋の間取り、大きさ、入居ターゲットによって、どのような家具を使うかなど、演出の仕方を変えます。

女性専用のマンションであれば、淡いベージュや白系のものをベースにしてコーディネイトをして、化粧台を置きます。男性向けのマンションであれば、黒いソファを配置して、モノトーンでシンプルにコーディネイトします。

2LDK以上の広さがある物件なら、大きなソファを置いて、家族で暮らせるイメージでコーディネイトします。このようにしてターゲットにあったステージングを行うと、内見時の反応がぐっとよくなります。

他にも、猫を飼いたい人向けの部屋を作ったこともあります。部屋のクロスが猫のイラストで、「猫を飼ってもいい部屋」ではなく、「猫と一緒に住むための部屋」を作りました。

私はあまりインテリアコーディネイトのセンスに自信がないので、**ステージングを専門に行う資格「ホームステージャー」を持った人に依頼**しています。その人との出会いは信頼できる人からの紹介です。

その人が家具の選別から調達、運送、設置まで全部してくれるため、助かります。予算はワンルームで、材料費15万円程です。これにホームステージャーさんに支払う謝礼が5万円程で、計20万円程かかります。

購入する家具は、アウトレット品が多く、安くても高く見えるものをセレクトしてもらいます。レンタルできるものはレンタルで対応してもらいます。

配置するのは、ベッドとソファ、収納棚。女性の場合は化粧台も配置します。部屋のインパクトを変える大きな要素は、ラグとカーテン、照明です。これらのセンスがいいと部屋の見栄えがまったく違ってきます。


**人の第一印象は3秒で決まると言われているので、部屋に入った瞬間の印象を上げていくことが重要です。**


入居が早く決まれば、ステージング費は回収できます。もしも、入居が決まった後に入居者が家具を希望すれば、家賃に家具のレンタル費をプラスします。たとえば、家賃が5万円の所だったら、家具を月5000円でレンタルしていきます。

これだけで、5000円家賃アップできるのです。これはいい手法でしょう。

レンタルではなく、家具をそのまま欲しいと言われれば、入居者に買い取りをお願いします。私がステージングに総額20万円程かけているので、それに若干上乗せして、入居者に22〜25万円で売ります。

もちろん、入居はするけれど、家具はいらないという人もいます。その場合、撤去作業が必要になります。

同じ物件で、空いている部屋があればそこに移動させます。別の建物に移動することもありますが、同じようなターゲット向けの物件がなければ、リサイクル業者に売ることもあります。

ここで注意したいのは、ホームステージャーは、インテリアコーディネーターと似て非なるものだということです。ステージングはビジネス要素が強く、賃貸の物件であれば、空室期間を短くすることが最大の目的です。

実際に私がステージングをしたのは2棟目からですが、短期間で部屋が決まります。不動産会社でも、まだステージングについて知らない人が多いのですが、最近では、仲介の業者さんで、ステージャーの資格を取りにいく人も増えています。

家賃アップのために、みなさんもぜひ検討してみるといいでしょう。

ステージングは、想定する入居者によって異なる。例えば、男性向けには①のように黒いソファを設置。②のように女性専用マンションでは、色合いをベージュや白に統一し、化粧台を置く。③は若い人を意識して、オシャレなスタンドライトを設置

## エントランスのリニューアルは費用対効果が大きい

次に家賃アップに効果的なエントランスのリニューアルについて解説しましょう。不動産投資を始めて、キャッシュフローが安定していくと、設備投資にかけるゆとりが出てくることがあります。もしくは、家賃アップのために、積極的に設備投資を考えるタイミングがあります。その場合、自己満足にならないように、投資効率を考えることが重要です。

一般的に物件のリニューアルで多い工事は、屋上防水と外壁ですが、どちらも手間がかかるため、まとまったお金が必要になります。

**そこで私がよく行っているのがエントランスのリニューアルです。**

エントランスは、やはり建物の顔になりますから、内覧時の第一印象を大きく左右します。エントランスの印象だけで判断されることもあり、油断はできません。

私がエントランスリニューアルを行った最初の物件は、築32年の古いアパートだったのですが、床材から天井、照明を変えて、壁を凹凸のあるデザインのエコカラットという素材を採用したことで、分譲マンションのような印象にガラリと変わりました。

同時に物件名を書いた館銘板も古くなっていたので、おしゃれなものに交換し、夜は館銘板に照明を当て、ライトアップしました。これだけで、印象がぐっと良くなります。宅配ボックスも完備も含めてエントランスのリニューアル費用は400万円程度です。

そもそもアパート名も古びた印象でしたので、新しくしました。

「●●ハイツ」「コーポ●●」など、よくあるアパート名は、古さを感じさせます。最近では、インターネットで部屋探しをする人も増えているので、そうした古びた名称では、それだけで敬遠されてしまう恐れもあります。ですから、**アパート名を今風のおしゃれな名称に変えることもポイントです。**最近のアパートで多いのは、イタリア語やフランス語の名称です。たとえば私の所有する物件に「○○○ヴィレッタ」という名称がありますが、これはイタリア語です。○○はこのアパートがある場所の地名で、ヴィレッタがイタリア語で別荘という意味です。アパートの旧名称は、「○○○ハイツ」なので、随分と印象が変わるものです。

みなさんも所有物件のエントランス、館銘板、アパート名などが、どんな印象になっているか見直してみてください。ここを変えるだけで、ぐっと入居が決まりやすくなります。

## 社会人向け物件には「宅配ボックス」が効果大！

入居者に喜ばれる設備として、最近では「宅配ボックス」があげられるようになりました。ネット通販の利用者が増加したことで、宅配サービスを利用する人が増えていることをみなさんもテレビや新聞などの報道でご存じでしょう。

やはり、**賃貸住宅を利用する若い単身者には、ネット通販を利用する人も多いようで、宅配ボックスを設置すると喜ばれます。**宅配ボックスを設置しておけば、宅配業者が来て、部屋に入居者が不在でも、宅配ボックスに配達物を入れておけるので、再配達の手間が省けます。

宅配ボックスを付けるだけなら、アパート1棟で数万円で済むため、費用対効果のある入居者対策といえます。宅配ボックスを付けたことで、家賃に反映させることは難しいのですが、宅配ボックスの有無は、入居を決断する際の大きな決め手になります。

宅配ボックスには、さまざまなデザインや価格帯があります。分譲マンションに備え付けられているものには、タッチパネル式ものもありますが、賃貸では、そこまでの機能は不要です。一番簡素な鍵で開けるタイプで十分です。ただし、物件の外観デザインに合う色合いの宅配ボックスを選ぶといいでしょう。

また、宅配ボックスは戸数分、設置する必要もありません。20戸のアパートであれば8つほど宅配ボックスを設置すれば十分です。空いている宅配ボックスに宅配業者さんが荷物を入れていき、暗証番号を設定してカチッと締めて、その掛けた暗証番号を不在票に記入しておき、それを荷物の受取人である住人が開ける仕組みです。

実際、私の物件で宅配ボックスの設置後、アンケートを取ったら、宅配ボックスをよく使っていて喜んでくれた人と、あまり使っていない人と2つに分かれました。

宅配ボックスを使う層にも変化が見られます。学生よりも忙しい会社員のほうがインターネット通販をよく利用するようで、利用率が高いようです。みなさんの所有するアパートの入居者層に応じて、宅配ボックスの設置を検討してみるといいでしょう。

宅配ＢＯＸの設置費用はコストがかかると思われがちだが、川添さんが設置するタイプのものでも10万円程度。かかった費用以上に利用者の満足度が高いので、今後ますます賃貸物件のマストアイテムになりうるのが宅配ＢＯＸだ

## ドライボックスの導入で全体の利回りアップ

最近、街なかでコインランドリーが増えています。忙しい社会人や主婦にとっては、洗濯する時間も惜しいようで、まとめて洗濯から乾燥までできるコインランドリーは重宝されています。私は、この流れを受けて、ドライボックスを設置しています。**ドライボックスとはコインランドリーにある乾燥機だけを設置したものです。**

始めたきっかけは、もともと私が買った建物の土地が、建物があったその前後に駐車場があり、駐車場の空きがあったことです。そこで、駐車場の空きスペースを有効活用しようと考えました。最初はコインランドリーについて調べたのですが、そのうち、乾燥機だけを置くこともできると知りました。

**乾燥だけなら、水を使わず、電気とガスだけですむので、初期投資500万円ほどですみます。洗濯機を置くと設備投資にお金がかかり、水も使うのでランニングコストやメンテナンスにもさらにお金がかかります。**

設置したら、無人で管理の必要もなく、後は自動販売機と一緒で置くだけで、小銭を回収するだけです。収支は、ほぼトントンですが、敷地内にこれがあることで、肝心のアパートの入居が決まりやすくなりました。なぜなら、学生だと洗濯機は持っていても、乾燥機は持ってないいため、梅雨時期や忙しくて干していられないときにドライボックスのニーズがあるようです。この土地にある物件は大学生が中心のマンションのため、利用者も多いのでしょう。

それに、大学が近いため、マンションの住人の他に、近隣の学生も思いのほか利用してくれています。

ドライボックスの月の売上が6～7万円、1人が1回に利用する額は大体３００円で、コストはガス代と電気代で1万ほどです。

清掃は建物の清掃と合わせて、管理会社に依頼しています。集金は私が物件のチェックを兼ねて、月に1度、回収に行っています。極力、現金は自分で扱うようにしています。

このような新しい取り組みを、私は常に考えています。ドライボックスについては、機材会社のセミナーを聞いて、ピンときて始めました。みなさんも常

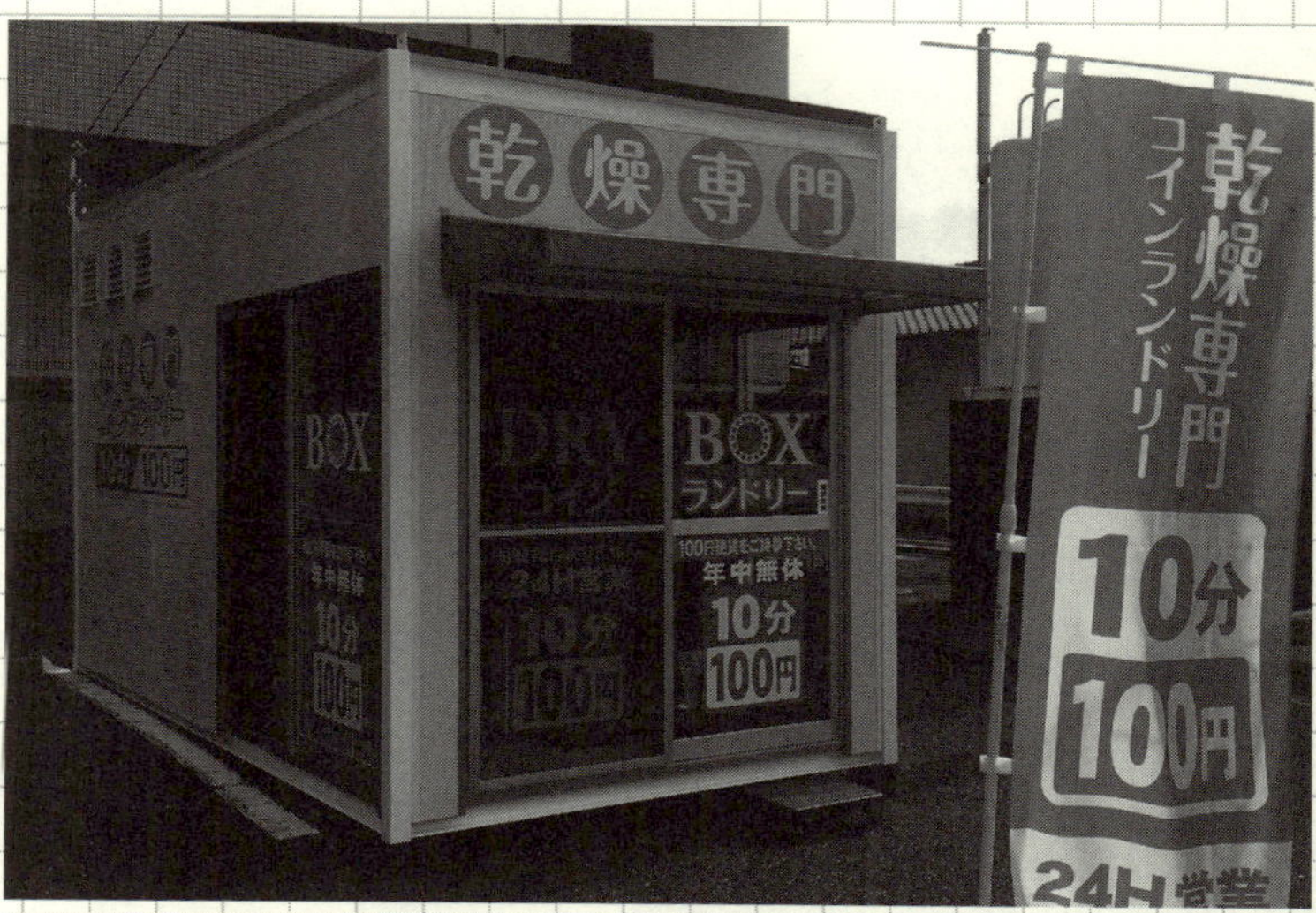

ほとんどの不動産投資家がまだ目をつけていないドライボックス。コインランドリーの乾燥機能だけなので、水を使わない分、コストやメンテナンス面で効率的。近隣に大学があれば、入居者以外の学生などの利用者も急増中！

に、賃貸経営に役立つ情報がないかアンテナを張り巡らしておきましょう。

## 「誰でもいいから入居者を付けて！」は失敗のもとに

**空室に関して、「空くのはしかたがない」と構えておくべきです。**なぜなら賃貸で暮らしている人には、賃貸を選ぶ理由があり、一定期間で学生なら卒業して就職するし、社会人なら異動や転職、結婚などで引っ越すものだからです。

その時の懐具合やお財布事情によっては、空室に対して焦って余裕がなくなり、マインド的に難しくなるかもしれません。しかし、前向きに改善を続けることこそが、賃貸経営で売り上げを上げるコツです。空室が出たら、焦るのではなく、チャンスだと思うことです。物件に強みを付け加えていくチャンスだと考えるのです。

**あまりに空室が目立つようになると、オーナーは「誰でもいいから入居者を付けて！」と無理なお願いを管理会社にするようになります。そうなると家賃は下がる一方です。そもそも「誰でもいい」アパートなどないのです。ターゲットを明確にしないといけません。**

ターゲットが明確だと設備投資も明確になります。男性も女性も学生も、社会人も入り交じっていると、設備投資に何を入れればいいのか、内装をどう変えればいいのか、入居者対策が施しにくいのです。

他にも、空室対策として、「敷金礼金などをキャッシュバックします」という物件や、そもそも「敷金0円礼金0円」を売りにして入居者を決めようとしているケースも最近では増えていますが、私はそれにも反対です。そんなことをしても、一時しのぎで、入居者の層が悪くなり、どんどん物件の価値が下がるからです。根本的な解決にならないことが目に見えます。

地場の仲介業者が入居者に関する情報を一番持っているので、基本に戻り、そこからヒアリングをして、どのような入居ニーズがあるのか、またどんな設備や仕様が入居者に喜ばれるのかを見直すことが大切です。足りない要素があるならば、設備投資にお金をかけることも重要です。空室対策には仲介業者や管理会社と協力体制を築いていくことが必要不可欠です。

また、ペット可の物件にするにしても細分化する必要があります。ペットといっても、犬なのか猫なのか？　さらにウサギを飼う人がいるケースもあるので、その地域ごとの特徴をつかむことが重要です。

私の所有物件の場合は、9割が単身者向けで、そのうちの2棟が女性専用です。社会人の女性専門が1棟で、もう1棟は最寄りの国立大学の女子学生専用です。ターゲットが明確なので、それぞれに合ったステージングなり、設備投資ができます。

女子学生の物件は、ほとんど満室でめったに空室がでません。大学の正門まで徒歩5分ですから、設備投資など何もしなくても、入居者が決まります。このように何もしなくても空室が出ないパターンもあります。そうした物件を買うとその後の運営もやはりラクです。このような場合は、設備投資にはお金をかけず、他の物件の設備投資に余剰金を回すようにします。

# 建物にトラブルが発生しても「この手」があるから大丈夫

## その火災保険は回収できていますか？

ここまで賃貸経営のなかでも、入居者に対する対応策について話を進めてきました。ここからは、建物に何かあった場合の対応策についてお伝えします。

物件によっては、「人のトラブルはあまりなく、建物のトラブルがほとんど」というケースも少なくないでしょう。**建物の大きなトラブルは、火災保険である程度、対応できます。**

しかしここで覚えておきたいことがあります。

火災保険ではカバーできる範囲が限られているので、総合的に補償が受けられる「総合保険」に加入しましょう。総合保険は、火災、落雷、台風、集中豪雨、ガス漏れによる破裂、給排水設備の事故による水漏れなどの損害を補償します。日本は地震大国で、アパートが地震の被害に合うことが全国的に増えていますから、地震に備えて「地震保険」にも加入しておきましょう。地震保険は、火災保険のオプションで加入できます。

昨今では、単身者世帯が増え、部屋のなかで病気による孤独死や自殺や事故の可能性が増えてきました。そうした場合に備えた保険も登場しています。

大家の会のメンバーでの情報共有が役立つと、管理会社の選び方のところで前述しましたが、**じつは保険についても、大家の会での口コミ情報が役に立ちます。**

**たとえば、火災保険の請求について、保険金が下りるように、上手な文章の記入例などの情報を共有できますし、そもそも保険金が出やすい保険会社の情報も共有**できます。

ちなみに私の場合、M保険をメインに使っていますが、補償内容の項目に、火事や落雷、水災などと並んで、突発的な事故による被害という項目があり、それで申請をすることがあります。一番使い勝手がよく、何かの破損があれば、紐付けて請求をしています。最近では月平均1~2件、何かしら保険を使いたいトラブルがあり、常に請求書を書いています。

他に、**個人賠償責任保険への加入もおすすめです。人に対して損害を与えたときに保険が下ります。**人が危害を加えるケースは少なく、建物のほうにオプションで入っています。

毎月支払っている保険料は経費として認められるものの、出ていくお金は、投資でもあると私は思っています。ですので、いかにして保険金を請求するか、頭を使っています。入居者も保険に加入しますから、部屋の中で入居者の故意・過失により何らかの破損が生じて、総額15万円かかった場合、こちらが加入している保険で15万円、入居者への請求で15万円、保険金が出た場合もあります。

何かあったら、明細書とにらめっこをして、どの保険が使えるか、入居者が加入している保険でもカバーできないかまで、ダメもとで当たってみることが大切です。「塵も積もれば山となる」というように、細かい対策を積み重ねていけば大きな効果があります。

## プロパンガス会社を活用するという賢い方法

私が実際に行っていて、非常に効率がいい方法にプロパンガス会社のサービスを利用することがあります。これは地域によって、応用できるところが限られるかもしれません。福岡においては、都市ガスは2~3社に統一されつつありますが、プロパンガスの会社は数が多く、競争が非常に激しいようです。

そこで、プロパンガスの会社が、給湯器のフリーメメンテナンスをサービスで行っています。それはどこもやっていることなのですが、それにプラスアルファして、じつは、いろんな会社が裏でサービスを付けているのです。

多いのは、エアコンを1部屋につき、1台分、サービスすることです。

ワンルームの場合、設備投資に一番お金がかかるのが、エアコンです。エアコンの設置には6～7万円かかります。

そのエアコンをプロパンガスの会社にサービスで付けてもらえるのは大変ありがたいものです。他に、差別化するためにトレイにウォッシュレットを付けてくれるプロパンガスの会社もあるようです。

ちなみに、私がメインでお付き合いしている会社は、自分の物件については全部、フリーメンテナンスをお願いしています。それにプラスするかたちでで、1部屋につき一度、エアコンを交換することを前提に契約しています。エアコンが壊れたら、私がプロパンガス会社に連絡をして設置してもらうのです。

とはいえ、プロパンガス会社に甘く見られるケースもあるので、注意が必要です。

たとえば、私が中古で物件を買ったとします。持ち主が変わったら、通常、新しい持ち主とガス会社が契約を結び直さなければいけないのですが、それをしない会社もあるようです。「ここはうちが契約しているので」と、サインをさせられる場合もあるのです。

プロパンガスの会社がエアコンを付けるなどのサービスがあるのを黙っているケースもありますし、こちらから「もっといいサービスが付けられるでしょう？」と聞くパターンもあります。ガス会社からしたら、ちょっとうるさい客かもしれませが、こちらは事業ですから、やはり譲れません。

地域によっては、応用がきかないテクニックかもしれませんが、ぜひみなさんの所有物件でも対応できないか、調べてみるといいでしょう。

## 良好な運営管理を維持することが売却益を生み出す

第4章では、収益物件を購入した後の運営についてお伝えしてきました。入居が決まりやすいように、また入居者に長く入居してもらえるように、どのような対策を練るといいのかを解説してきました。そこで、やはり大事になるのが、管理会社との付き合い方です。大家が一人で頑張っても、管理会社の働きがなければ、スムーズに賃貸経営はできません。

何かトラブルがあったときには、注意をしたり、しっかり物件を管理しているかどうか、監視しておくことも重要ですが、**まずは管理会社も自分のビジネスパートナーなのだと、再認識することが大切です。**そう考えると、管理会社にあまり負担ばかりかけられません。自分の意見を強く言いすぎて、相手を困らせてしまうことも時にはあるかもしれません。

肝に命じておきたいことは、長い目で見て付き合うことです。

お金が発生するときには、きっちりと支払うなど、約束を守ることも忘れてはいけません。入居対策に必要な設備投資をするにもお金は必要です。月々のキャッシュが残ってないと、設備投資ができなくなります。

そうした視点からも、第3章でご紹介した試算表やチェックポイントが重要となります。また良好な管理をする上でも、購入時点であまりコストのかからない物件にすれば、その後の運営も随分とスムーズにいきます。不動産投資がうまくいくコツは物件購入から、融資付け、管理、運営とすべてをトータルでマネジメントすることなのです。

COLUMN

## 士業の先生方との賢い付き合い方

不動産投資を始めて、物件を買い足していくと、いろいろな士業の方との付き合いも増えていきます。司法書士や税理士、弁護士など、お世話になる方も増えていくかもしれません。そんななか、いい先生と出会い、うまく付き合っていくために、私が心掛けていることを紹介しましょう。

私の場合、スクールで教えていることもあり、よく人に士業の先生を紹介していましたが、いい先生をどう見極めるかは、最終的には「肌感」といいますか、「息が合うかどうか」で判断します。人に紹介するときには、双方にとって、メリットがあるように配慮します。

いまのところ、私は、弁護士は特に付けていませんが、税理士と司法書士は、いつも決まってお願いする方がいます。

司法書士の先生は４棟目からの付き合いです。司法書士の先生には物件を購入して、登記するときに報酬を支払いますが、毎回付き合いもない人にバラバラに払うより、ある程度、パートナーシップが築ける人に支払うのがいいと思い、一人の先生に依頼するようになりました。

物件ごと、単発で選ぶ方法もあるでしょうが、士業の先生については、もっと重視すべき点がほかにあると感じています。

それは、不動産投資は特に長期戦なので、頼りになる専門家が周囲にいると心強いという点です。

私の場合、司法書士の先生は年齢が上の女性にお願いしており、さまざまなアドバイスをくださり、大変助かっています。

しかし、経営に関しては、アドバイスを求めません。税金については、すべて事業の後処理になるため、税理士さんに相談をするのは、後処理の部分です。そこについては、税理士は専門家です。税務の手前の経営は、いくら税理士でも分からないものです。

最初にお伝えした「ランチェスターの戦略」をはじめ、経営の勉強をする中で、経営について士業の先生に聞いても無意味だと分かったのです。

経営のノウハウは、あくまで自分で考えることが大切です。不動産投資における投資判断についても同じで、それを士業に求めるのは、その経営者のレベルが低いとしかいえません。

こうした観点で、みなさんも信頼できる士業の人を見つけ、いい関係を築いていただければ幸いです。

# 【第4章まとめ】

## 不動産投資で成功するための6か条

川添さんが考える〝圧勝〟大家の

# マンション運営

- ●コストより売上を上げることが大事
- ●競争相手がいることを意識しよう
- ●入居者が決まらない3つの条件を知ろう
- ●全部やるのでなく、頼める部分は人に任せる
- ●“ステージング”をして家賃を上げよう
- ●アパート名は積極的に変えていく

chapter

5

第5章

【"圧勝"大家たちに聞いた成功のヒストリー】

# 良い環境が良いマインドセットを作る

## 川添流はじつは仲間たちとの共作でもあった!?

じつはこれまでお話ししてきた私の投資スタイルは、私一人で確立したものではありません。何人かの知り合いや仲間たちと一緒に作り上げたものでもあります。

というのも不動産投資の醍醐味に気が付き、私は学生時代からの仲間や知り合いなど、私の周囲にいた人たちにその面白さを伝えました。そうしてセミナーや勉強会に一緒に出るようになったのです。

ランチェスターの勉強会などにも一緒に参加し、そのあと皆で話し合いながら、「これって不動産投資にも当てはまるよね」という話になり、不動産投資の本質は事業経営と共通しているということをみんなで発見し、興奮したことを覚えています。

元手をほとんどかけず、資金調達した上で長期返済にして、毎月のキャッシュフローを確保する。物件数を増やすことでキャッシュフローの額を確実に増やすという投資スタイルは、みんなで考え話し合っているうちに次第に形になっていったものです。

私は2015年に区分マンションを購入し、2016年6月に初めての1棟物件を購入して、本格的に不動産投資をスタートしましたが、仲間たちも後を追うように次々に不動産投資を始めました。

各人の状況や環境などによって、投資の仕方は若干異なるとはいえ、基本的には先ほどのスタイルであることは共通しています。

不動産投資にとって情報は命です。優良物件の情報はもちろん、不動産会社や管理会社、金融機関など、お互いのコネクションを紹介し合うことで、より確実な投資と賃貸経営が可能になるのです。

**2018年に私たちは「天神大家の会」というものを組織しました。**2か月に1回、メンバーで集まり、情報交換や勉強会などを行っています。そこで不動産投資、賃貸経営に対する方向性や価値観を共有する貴重な場となっています。

**いま私は地元福岡で私の不動産投資の方法を紹介するセミナーを毎月1回開いています。**

2018年5月から、そこに集まった人で、さらに興味のある人、具体的に不動産投資を始めたいと考えている人に向けて、より具体的なノウハウを伝授するスクールを開講しています。4回にわたって講義するもので、マンツーマンで行っています。このスクールを卒業すると希望者は「天神大家の会」に入会することができます。

この章では「天神大家の会」に活動当初から参加しているメンバー、あるいはその後加わったメンバーで、実際に不動産投資、賃貸経営で成果を挙げている人の声を皆さんに聞いてもらえればと思います。

## 区分所有からスタートし、キャッシュフロー50万円を稼ぐ

平松大吾さん（仮名・35歳）

**――所有されている物件は？**

現在、福岡県内に2棟の物件を所有しています。1棟目は2016年に購入した中古RCマンションで32部屋、2棟目はその半年後に購入したのですが、同じくRCマンションで19部屋。いずれもワンルームです。

じつはこの2棟の前に個人で区分のワンルームを1つ購入していました。川添さんと同じようなパターンですね。じつは川添さんとは高校の同級生なんです。で、彼から不動産投資の話をいろいろ聞いていました。

**――区分マンションはどういうきっかけで購入したのでしょうか？**

区分のほうは2015年、仲介業者の人に勧められ、節税対策や保険用として購入したのですが、これでなんとなく不動産投資というのが身近になったというのもあります。そうこうしているうちに川添さんのほうは1棟ものを購入して本格的な不動産投資を始めた。私もそれに習って不動産投資へと進んでいったわけです。

**――投資スタイルは川添さんと同じでしょうか？**

そうですね、不動産投資のスタイルはほぼ同じです。2棟はいずれも地元の金融機関から借りました。ちなみに1棟目は1億7000万円、2棟目は9600万円でした。

現在、2つの物件の入居率は約94％で、毎月の家賃収入は1棟目が120万円くらい。2棟目は70万円くらいです。返済や諸経費、固定資産税などを引いて、キャッシュフローは大体月に40万円から50万円くらいですね。

**――金融機関は信用金庫か信用組合からでしょうか?**

いいえ、1棟目はN銀行です。2棟目は信用組合でした。地銀は自分で開拓したのではなく、仲介業者との繋がりがあって、それで融資してもらえました。

**――現在本業は別にあるのですよね? 本業と同じくらいの収入は稼いでいらっしゃるのでしょうか?**

本業は防犯カメラなどの警備関連の機器の営業の仕事をしています。すでに本業以上の収入を得ています。ただ、本業は続けていきたいと思っています。本業の方で学べることはたくさんありますし、また不動産で学んだことを本業で生かすこともできます。

**――本業を続けるという点で不動産投資は副業としてやはりメリットがある?**

そうですね。不動産投資は一番効率のいい投資だと思います。物件を購入したら、あとはある程度管理会社などに任せることが可能です。これが株式やFXなどの投資だと、本業の間も気になってしまうということもあるかも知れません。不動産投資はそれがないので自分には合っていると思います。

## ――今後はどういう風に不動産投資を続けて行こうと思われていますか?

本来ならさらに棟数を増やして収益を上げたいところですが、無理をしないようにしています。というのも本業があって、そんなに業者や金融機関を回ることが頻繁にはできないという事情があります。また、最近は少し融資の状況が厳しくなってきました。なかなか飛び込みで金融機関が融資をしてくれるという状況でもなくなってきています。世の中的にも私自身も、いまは少し待ちの時期かなと思っています。

おそらく状況がまた変わってくるでしょう。そのときには動き出したいと思っています。そのためにいまはキャッシュフローを蓄積して、体力を付けておきたいと思っています。

## ――「天神大家の会」に参加されての感想は?

不動産投資を最初に始めるときは、誰でもそうだと思いますが不安があります。それが「天神大家の会」に出ることで随分解消できました。メンバーの人たちと意見交換したり、講義を受ける中で自分の中のメンタルブロックがどんどん壊されていきました。

本業の職場では話せないような話ができるので、その点でも精神的に非常に強い味方がいるという感じです。今後も大家の会に参加していろんな情報を交換できればと思っています。

## 最初に新築アパートからスタート。約2年で6棟70室のオーナーに！

大友一人さん（仮名・37歳）

**――不動産投資は2016年から始められたということですね？**

そうですね。一番最初の物件は新築でした。ですから物件取得は2015年から動いていて、融資を受けて土地を購入して工事が始まりました。建物ができて家賃が入ってきたのは2016年の11月です。

**――こちらは融資はどのような形でしたか？**

1棟目は100万円ほどの手出しはありましたが、諸経費も含めて融資してもらったのでオーバーローンにほぼ近い感じでしょうか。

**——1棟目はどのように探されたのでしょうか？**

じつは川添さんとは知り合いで、もう一人を含めた3人で不動産を探したり、紹介し合いながらやっていました。それぞれが不動産投資を始めようと活動しているなかで、人脈が出来上がってきますね。不動産会社や管理会社、金融機関などを紹介し合って、ネットワークを作って……。それが今の「天神大家の会」に発展していったということです。

**——なるほど、皆が協力し合ってできたというわけですね？**

そうですね。ただ、やはり川添さんが中心ですね。他県では大家の会がありますが、情報を共有するためにも福岡の中心である天神でも作ろうということで音頭を取ったのが川添さんでした。

**——そういう情報があるからこそ、1棟目から新築でスタートできたのでしょうか？**

そうだと思います。仲介業者に紹介された金融機関に融資をお願いしました。川添さんはすでに不動産投資を始めていましたから、事業計画書の書き方やプレゼンなど、そのノウハウを教えてもらったということも大きかった。

**――そこから2年で6棟というとかなりハイペースに見えますが、いずれも融資を受けられたのでしょうか?**

基本的に諸経費込み、つまりはオーバーローンで融資をお願いできないかという打診をします。ただ物件の評価額によって銀行それぞれが、ここまでしか融資できないというラインがあります。「あとは大友さん、手出しでお願いしますよ」という風になります。物件と金融機関の事情、それぞれケース・バイ・ケースです。

**――現在6棟70室ということですが、毎月のキャッシュフローはどれくらいでしょうか?**

1棟大体10万円から15万円というところでしょうか。ですから全体で70万円から80万円くらいが手残り、キャッシュフローになっています。

**――本業は広告代理店だということですが、その収入は越えられているのでしょうか?**

そうですね。完全に超えています。不動産投資を始めて1年少ししたところで超えました。たしか3棟目に行ったあたりからだったと思います。

**――本業はそのまま続けられるということでしょうか？**

いまのところはそう考えています。不動産投資、賃貸経営を始めて感じたのは、朝から晩まで張り付いて、自分でやる必要はまったくないなと。分業の仕組みがしっかりできていれば、管理会社に任せていれば十分回っていきます。

ただ、将来的にどうなるかはまだ分かりません。物件が増えてきて、収入もアップして、不動産に関する時間をもう少し取らないといけない状況になったら会社を辞めることも考えるでしょうね。

**――その不動産投資の今後なのですが、何か目標はありますか？**

いま6棟なのですが、とりあえず10棟までは増やしたいと考えています。とくになぜ10棟かという理由はないのですが……。ただ、修繕費の積み立てのことも考えると、手残りとして月に100万円はほしいと考えています。そうなるとやはり10棟を目指して増やしていくべきだろうと思いますね。

――そのためには金融機関との関係も大事になってくるでしょうね？

その通りだと思います。これから信用金庫や信用組合だけでなく、大手の地銀などと付き合いを広げていかなければなりません。そのためにはもう少し物件を増やしてスケールを大きくすることで、金融機関の評価を高めておく必要があると思います。現在の中規模大家からメガ大家というか、評価レベルが今と変われば、金利も低く、返済年数も長期で組めるようになるかもしれません。

## 不動産投資を始めて仕事を辞め独立。将来運用額10億円を目指す

伊坂昇さん(合同会社代表、・45歳)

**――以前、旅行代理店と生命保険会社に勤めていたということですが、不動産投資が軌道に乗って独立されたということでしょうか？**

そうですね。川添さんと同じ旅行代理店で、そこから生命保険会社も同じで個人事業主として保険のセールスをしていました。川添さんと全く同じような経歴で、不動産投資に

関しては彼が先行する形で、私もそれに倣ったということです。

**――現在の所有物件を教えてください。**

区分マンションが3つ。それに1棟ものが3棟あります。3棟で計85室ですね。

**――区分が最初ということですが購入したのはいつでしょうか?**

2016年の12月に購入したのが最初です。区分マンションは3つとも個人名義で購入し、1棟ものはすべて私が作った合同会社の名義にしています。

**――毎月の手残り、キャッシュフローはどれくらいでしょうか?**

大体70万円くらいです。今後も物件数を増やしてキャッシュフローも増やしていきたいと思っています。

**――現在の所有物件の資産価格はどれくらいでしょうか?**

3部屋、3棟で現在4億6000万円くらいです。将来的には10億円くらいに増やして運用できたらいいなと思っています。

**――先ほどの大友さんと同じく「天神大家の会」を川添さんと立ち上げたそうですね？**

はい、川添さんが先に不動産投資を始めましたが、大家の会の発足はみんなで一緒に立ち上げました。不動産投資、賃貸経営を左右するのは情報でしかないと思っています。その意味で最初の物件を仲介してくれた不動産会社は川添さんが紹介してくれた会社ですし、金融機関と信頼関係を築くことができたのも、彼の紹介が大きかったと思います。

不動産投資は1棟目でうまく行くかどうかが大きな分かれ道でしたが、知っている仲間にその先達がいるというのは本当に大きいと思いました。

**――昔の仲間と不動産投資を介して再び関係を結ぶことができるというのは、なんだか羨ましい感じがします。**

そうですね。不動産投資を始めて思うのは、普通のサラリーマンをしていると、この感覚を共有する事ってかなり難しいと。億の金額を調達して回していくわけです。普通の小さな会社以上のお金が回っている。そこで考えないといけないのが経営の本質を分かっていないとダメだということ。ただ漠然といい物件があったから購入しました。それで家賃収入を得ていますということだけでは失敗してしまうと思います。

**――川添さんがよく言っている不動産投資ではなく事業経営として考える視点ですね？**

その通りです。不動産投資は投資ではなく、経営であると。投資というと当たりはずれのギャンブル的な視点が強くなるきらいがあります。そうではなくて、長期的、継続的に利益を確実に上げていく「事業」として捉えなければいけないということです。

家賃収入と返済や経費とのバランスシートで考える。じつはその考え方も、私たち天神大家の会の初期メンバーたちで当初から共有していたものなのです。というのも私も先の大友さんも、川添さんと一緒にセミナーや勉強会に参加していました。

そこでトマ・ピケティの『21世紀の資本』の勉強会でg＜rの公式を学びました。労働収益より資本収益の方がつねに大きい。ならば資本収益を目指すべきだと。ランチェスターの理論を学んだ時も、これってそのまま賃貸経営に当てはめられるよねと。

そういうお互いのやり取りのなかから、不動産投資を事業経営として捉える方法論をみんなで確立していったのです。

**――事業経営ということは顧客満足を考えるということでもあるわけですか？**

そういうことだと思います。投資というとお金を出したらあとは結果待ちのようなイメージがありませんか？　そうではなく、現場に足を運んで、入居者が何を望んでいるか？　改善するべき点はどこか？　つねに利用者の視点に立ち、入居者が喜ぶ賃貸経営をする必要があるということです。

もちろん、自分ですべてはできないので、管理会社や清掃会社などをしっかり雇ってメンテナンスをしっかりやる。分業を徹底させることも大事になってきます。その意味でSNSも利用します。たとえば、業者さんとのやり取りはＬＩＮＥでやる。部屋の原状回復のやり取りを管理会社と工務店でやるのですが、そのやり取りをＬＩＮＥでやってもらうことで、その内容がつぶさにこちらにも分かるようにしています。

**――見える化するということでしょうか？**

そうです。ＬＩＮＥならお互いのやり取りが見えるので誤解などがなくなります。また物件の状況なども業者からＬＩＮＥの映像機能を通じてその場で確認もできます。

**——賃貸経営を事業として捉えるということは、物件の差別化も図るということが不可欠になると思いますか？**

その通りです。デザインを工夫したり、入居者のターゲットを絞り込んでそれに合わせた物件づくりをしたり、他の物件とはここが違うという強みを意識することが大事になると思います。そうやって競争力を高める努力をすることで入居率を高く維持し、キャッシュフローを確実に確保します。

**——今後の目標は？**

先ほど10億円運用と言いましたが、単にお金の問題というのではなく、老後をいかに年金に頼らず、つまり公的な社会保障に頼らずにいきることができるか？　それを目指したいと考えいます。やはり以前、保険会社にいただけに強く感じます。それには自分でお金を稼いで自立するということと、横のつながり、お互いに助け合えるコミュニティを大切にする、築き上げるということも含まれます。「天神大家の会」はそんなコミュニティの一つでもあると考えています。

そこから発展して、将来、老人や生活保護のような社会的弱者と言いますか、なかなか信用力を得ることができない人向けの物件も考えています。高齢化社会になるほど、そういうことが重要になると思います。

**——そう考えると不動産投資、賃貸経営というのは非常に幅広く、かつ意義の深い投資だと言えるわけですね？**

まさにその通りだと考えています。川添さんや他の人たちとも話していますが、単に自分だけの利益を追求するだけでは、やはり本当の人生の喜びは得られないのだと。社会的に意義ある活動にしていく事ができるのも不動産投資のもう1つの魅力だと思います。

## 2011年の底値のときに初物件を購入。7物件で毎月約150万円の利益に！

山村仁さん（仮名・55歳）

**——他の人に比べると結構投資歴が長いようですね？**

最初に福岡の博多駅近くの区分マンションを購入したのが2011年、東日本大震災の後でしたから、もう8年になります。

**――現在所有されている物件は？**

全部で区分が3つとアパートが4棟です。年代順に言いますと、2つ目が同じ年に福岡の中央区に区分を1戸購入しました。3つ目は2013年4月に南区の築8年のアパート1棟で9部屋、4つ目は2015年に購入した福岡太宰府にある12部屋のアパート。5つ目が2016年2月で、城南区の1棟アパートで12部屋でした。6つ目が同じ年の12月ですが熊本県に区分マンション1部屋を購入し、最後が2017年3月に購入した宗像市の新築アパート1棟もので10部屋の物件です。

**――かなり物件を所有されているので、キャッシュフローの額も多いのでは？**

そうですね。すべて合わせると毎月約150万円は手元に残る感じです。諸経費や税金などを引いてですね。

**――大きな金額ですね。入居率もいいのでしょうか？**

おかげさまで46部屋あって、空き室は1つか2つだったと思います。中古物件の強みといいますか、すでに購入したときにほぼ満室の状態でした。そういう物件を探したということですね。

**――新築物件もあったと思いますが、そちらも満室ですか？**

はい。すでに完成前に満室になりました。ちょっと出来過ぎかなと思いましたが……。これは新築の強みもあったと思いますが、何と言ってもペット可にしたことが大きいと思います。当時宗像市にはペット可の物件が少なかったんです。

**――まさに差別化を行ったということですね？**

そうですね。しかも相場の家賃よりも1000円くらい安くしました。4万6000円くらいでした。福岡教育大学が近くにありますが、特に学生向けというわけではありませんでした。むしろ女性をターゲットにしましたね。学生もいればＯＬさんもいるという感じです。

ただ、この物件は例外的で、その他の物件はみな築古で安い物件が多いんです。ですから、外国人とか生活保護者のほうが多いというのが特徴です。

**——そもそも不動産投資を始めたきっかけは？**

結婚して2人目の子どもが生まれたときに、将来の生活設計を考えました。会社に依存した人生を送るのも嫌でした。収入が会社だけということになると選択肢が限られるのが嫌で。それで不動産の勉強を始めたのが、2011年ぐらいからでした。

**——それでまず区分を購入されたわけですね？**

はい。当時はリーマンショックから東日本大震災と来て、不動産価格が異常に安かった。タイミング的には良いかなと。博多近くの区分を1部屋260万円で購入しました。それで不動産投資の基本というか、業者さんとの付き合いや金融機関とのやり取りの仕方などが、大体イメージが固まった。それで1棟ものへとシフトして広げていったわけです。

**――川添さんの投資スタイルはフルローンでしたが、山村さんの場合は？**

最初の2つの区分はキャッシュでしたが、基本的にフルローン派ですね。3棟目のアパートは4300万円でしたが、諸経費を含んだもので、50万円ほど手元資金から出したとはいえ、実質はオーバーローンでした。以降の物件もフルかオーバーです。

**――それはやはりキャッシュフローを重視するという……**

そうですね。手元にできるだけ動かすことが可能な資金をプールしておく。それによって様々なものを円滑に回していく事ができます。私の場合1棟ものは木造のアパートなので、利回りが結構高いのが特徴だと思います。大体11～12％くらいで回っています。

**――最初から木造狙いだったのですか？**

そういうことではなく、川添さんの考えと一緒なのですが、まず銀行が融資をしてくれる物件を見つけないとスタートラインに立てない。福岡県の信用組合だと、私の属性ではどうしても木造築古ということになってしまったということです。

**――「天神大家の会」に入会のきっかけは？**

福岡でやっている投資家の人たちと関わりを持ちたいという気持ちがあり、不動産情報サイトの楽待のセミナーで、検索していたら川添さんが福岡市で不動産投資セミナーをやっているということが分かりました。

それでまず川添さんがやっているセミナーに参加し、その後２０１８年の５月にスクールに参加しました。それがきっかけでスクール卒業後、同会の扉を叩きました。お話をお伺いしてとても腑に落ちたというか、それまで私がやってきた投資スタイルとよく似ているなと。ですから会の中では私は年長ですが、一番の新米なんです。

**――すると６棟目まではご自身で投資をされてきたわけですね。７棟目は入会後ということになると思います。それまではどなたかに学んだということはありますか？**

とくに誰かに師事したというのはありませんでしたね。本を読んで独学でした。もちろん業者さんから意見を聞いたり、金融機関の担当者の話を参考にしたりしましたが。

**――それで入居率が95%は凄いですね。もう他から学んだりする必要はないような感じでは？**

いえ、もはや個人でやっていくには銀行融資にしても限界に来ているなと感じていました。何か突破口がないかと。「天神大家の会」に入会して人脈が広がったのと、法人化がこれから先は不可欠だというような考え方など、見えてきたものがたくさんあります。

**――現在は不動産投資、賃貸経営を行いながら、ファミリーレストランの店長もやっているのですね？**

そうです。もはや本業がどちらかというのも分からない状況ですが、店長の方も定年まで勤めあげたいと思っています。

**――今後の目標は？**

最初はキャッシュフローで毎月50万円を目標にしていましたが、これはもうクリアしました。いまは60歳の定年を見据えて、法人化を考えていますね。いずれにしても経済的自由を確立して、川添さんの言う人生の幸福を追求できればいいと思っています。

## 現在区分を2部屋所有。今年ついに1棟ものの大家さんの仲間入り！

鮫島隆一さん（仮名・35歳）

**――現在は区分を所有されているということですが、購入はいつごろでしょうか？**

2017年の7月です。2部屋同時に購入しました。1つは場所は福岡の中州の中心街ですね。場所はいいのですが実はいろいろ問題がありまして……。

**――いくらで購入されたのですか？**

結構高いんです。オーバーローンで、キャッシュバックまでありました。税金まですべて込みで1420万円。業者から購入したんですが、家賃は5万8000円ということでした。ところが後から知ったのですが、家賃をごまかされていた……。

**――どういうことでしょう？**

売買概要書など表面上の書類での家賃は5万8000円なんですが、賃貸契約書は

5万3000円なんです。つまり入居者が支払っている家賃は5万3000円なんですが、それを書類上5000円上乗せしている。

**――利回り計算などではいい数字になるわけですね。でも足りない5000円はどうしているのですか?**

業者が穴埋めしています。ですから一応利回りは5%なんですが、実質は4.6%にまで落ちます。問題は来年の7月にいわゆる家賃保証が切れること。そうなると利回りが落ちてしまいます。

**――しかし、いろんな小細工をする業者がいるんですね。でもどうするのですか?**

川添さんのスクールに入ったのはそのためでもあるのですが、アドバイスをいただいて、現金買取りをやってくれる業者さんをようやく1つ見つけました。

**――それはよかったですね。手残り的にはどれくらいになりますか?**

ここは2000円くらいでしょうか。

**――2つ目の物件のお話もお伺いできればと**

もう1つは博多駅の近くの物件です。こちらも同じようにオーバーローンで、1320万円です。家賃収入は同じ5万8000円。こちらは本当にその金額で、手残りは4000円くらいでしょうか。利回りは5％ちょっとです。

**――不動産投資を始められたきっかけを教えてください。**

じつは私の勤めている保険会社が買収されたんです。営業部長をしていましたが、給料は下がらなかったのですが、もうこれ以上は上がらないというのが見えてきました。先が見えなくなった。これは何かしないといけないと思いました。

そんなとき、福岡に転勤が決まりました。新しい部署のお客さんのなかに、中古のワンルームを販売している会社の方がいて、紹介されたというのがきっかけですね。じつは福岡の部署に、すでにその人から中古マンションを購入している部長がいて、その人の勧めもあったのです。

**――今2つ区分を持たれていますが、不動産投資を始めてどうですか？**

正直、2つ区分を持ってからいろいろ本を読んで勉強したんです。すると不動産投資の醍醐味は区分ではなく1棟ものだとほとんどの人が言っていました。実際、川添さんもそうですが……。で、1棟ものにシフトしていきたいと本格的に決意したのが2018年2月くらい。

**――今後は1棟ものに向かっていくと。そのための行動はすでにされているのですか？**

2月ころから物件を調べて、金融機関や業者に飛び込みで持ちかけました。ところがどこもかしこも断られて。どうも属性がダメで融資は難しいようなのですが、なんでだろうと。そんなときに業者さんに「信用をすでに毀損されてますね」と言われたんです。

**――信用が毀損されている？**

つまり最初に買った区分です。この借入金額が信用情報に載っていると。本当にそういう情報は早いんですね。愕然としたというか。だから不動産投資で1棟目が大事だというのを実感しました。

**――なるほど、たしかに怖いですね。でも、それを何とか挽回したいというのがこのスクールを受け、「天神大家の会」のメンバーになった理由なわけですよね？**

そうですね。いまいろいろアドバイスをいただいたり、紹介を受けたりして、いま審査中の物件が3棟あります。なんとかそれが通ってくれればと。

**――数字的な目標はありますか？**

川添さんのスクールで目標設定をさせられるんですが、そこで私は2021年の4月までに、手残りで月に100万円を目標にしました。

**――本業の人たちには不動産投資をやっていることは内緒にされているのですか？**

そうですね。一部信用できるというか、将来独立した時に一緒に法人を作ろうと考えている仲間がいるんですが、彼等だけには話していますね。基本的にけっこう同僚や部長など区分投資をやっている人が多いです。さすがに1棟ものとなると少ないですが……。

**――そうですか。投資は基本的には福岡中心でしょうか？**

じつは私は福岡に縛られず全国で考えています。条件の良い物件やチャンスは全国にあるはず。それを見逃さないようにできればと思います。金融機関によりますが基準として返済比率が60％以下の物件を狙うようにしています。それ以上だと空室に耐えられないケースが多くなってくるからです。

**――そういう物件を見つけたら、とにかくアプローチする？**

前向きにチャレンジする姿勢は持ち続けたいですね。イメージとしては最終手残りが2％以上のものは、どんどん融資の相談に持ち込むということでしょうか。ちょっと断られたくらいで諦めるのは早い。というのは、たとえばある銀行さんは去年とまったく反応が変わりました。去年はもう絶対に無理だという態度だったのですが、今年になってから「どんどん持ってきてください。貸せるものは貸しますよ」という感じで極端に変わったんです。おそらく支店長が変わって方針が変わったのか、社全体の方向性が変わったのか？

いずれにしても1年でこんなに変わるとは驚きました。

**――金融機関もゼロ金利時代ですから基本的には貸したくてしょうがない。何かきっかけがあれば、相手の理屈に合うような案件があれば飛びつくかもしれませんね。**

そうですね。でも一番大きな変化は「天神大家の会」に入って人脈がひろがったということでしょうか。投資家の仲間が増えることで、その人たちの付き合っている業者の方を紹介してもらえたりします。実はいま審査中の物件もそういう流れで動いています。やはり最後は人とのつながりだということを実感しています。

※鮫島さんはこのインタビューの後、実際に1棟もの（総額2億3500万円、45部屋）の購入が決まりました。

めでたく1棟ものの大家さんの仲間入りです。

# おわりに

不動産投資を通じて次第に明確になってきたことがあります。それは不動産投資の持つ「社会性」です。

不動産は人間が生きる上で必要不可欠なものです。人間が人間らしく生きるために住居は欠かせないもの。誰もが住む場所があるからこそ、安心して生きることができます。不動産投資は人間にとって必要不可欠な住居を提供するわけですから、それ自体が社会性を持ち、社会的に意味と意義を持っているのです。

現在約200室を所有しているので、住んでいる人は家族の方もいらっしゃいますから数百人ということになります。不動産オーナーとして、私はその人たちすべてと不動産を通じて密接な関係を持っているのです。

賃貸オーナーとして、住んでいる方たちから喜ばれる物件を提供することが、私の目的の1つになりつつあります。このことは不動産投資を始めたときにはあまり意識していなかったことです。

物件をニーズに合わせてリフォームしたり、コインランドリーや乾燥機を設置する工夫は本文で述べました。

物件の競争力を付け、空き室率を減らすのが一番の目的ですが、入居者の方たちに「とても住みやすいですね」とか「気に入っています」と喜ばれると、本当に嬉しく、この仕事をやっていて良かったと心から思えました。

不動産投資、賃貸事業によって、私は自分だけでなく他の人たちにも喜びや幸せを感じてもらうことができることに気が付きました。それがまた、私自身の喜びや幸せにもつながっていく。


また、この仕事は不動産会社や管理会社の人たちとのつながりも大きなポイントです。私は基本的に管理は管理会社に任せ、客付けは不動産会社に任せています。

もちろん大きな方向性やコンセプトはお伝えしますが、具体的な内容については一任しています。それによって私は時間という大切なものを確保できるのです。

それに対する対価をしっかりと払うことで、業者の方たちも多少なりとも利益につながります。

これは融資をお願いしている金融機関の人たちとの関係においても当てはまります。私がしっかり賃貸事業を運営することで、金融機関もまた利益を上げることができるわけです。

事業経営は人とのつながり、W－N－W－Nこそが大切であり、最も幸せに近づく道であることを最近はとくに感じるようになりました。

なかでも不動産投資は人にとって大切な住居を提供するという意味で、より社会的な価値を生むことが可能だということも、次第に意識するようになりました。

じつは私の投資スタイルは私だけが作り出したものではありません。以前勤めていた会社の先輩や同僚、学生時代の仲間たちと一緒に、不動産投資に関して話をしたり、意見を交換するなかで、次第に固まってきたものでもあります。

それを実際に実行に移したのは私ですが、その原動力は仲間たちの力です。彼らもまた、私に続いて不動産投資を始め、実績を上げています。

本文でも紹介した「天神大家の会」には、彼らも参加し、いまでも一緒に情報交換や勉強会を開いています。そして多くが経済的自由を実現し、独立したり、さらに事業を広げたり、それぞれに自分の人生を生きているのです。

セミナーやスクールに参加してくれている人たちも含めると私のまわりには志を同じく

し、同じ方向を目指すつながりが広がっています。それが実感できる瞬間が私の最良の時間であり幸せになりつつあります。

入居されている方々、業者や金融機関の関係者、セミナーやスクールに参加してくれている人たち、そして昔からの仲間たち、最後に家族と、気が付くと多くの人とその関係のなかで私自身が生きている、生かされている――。

自分の幸せだけでなく、人と関係を築き力を合わせることで喜びや幸せを広げていくことができる、それが不動産投資、賃貸経営事業なのです。

不動産投資に関心を持ち、これから始めようと考えている皆さんには、是非この素晴らしい価値と可能性を知っていただければと思います。

拙書を最後まで読んでいただいたことに感謝いたします。

2019年4月　川添敏己

″圧勝《あっしょう》″大家《おおや》の事業戦略《じぎょうせんりゃく》

2019年4月17日　初版第1刷

著　者 ――――――――― 川添敏己《かわぞえとしき》
発行者 ――――――――― 坂本桂一
発行所 ――――――――― 現代書林
〒162-0053　東京都新宿区原町3-61　桂ビル
TEL／代表　03（3205）8384
振替 00140-7-42905
http://www.gendaishorin.co.jp/
デザイン ――――――― 鳥越浩太郎

印刷・製本：㈱シナノパブリッシングプレス
乱丁・落丁はお取り替えいたします。
定価はカバーに表示してあります。



ISBN978-4-7745-1774-2 C0034